PC konkret
Homepage, Blog & Wiki

STIFTUNG WARENTEST

Jörg Schieb
Mirko Müller

Die deutsche Nationalbibliothek verzeichnet diese Publikation in der Deutschen Nationalbibliografie; detaillierte bibliografische Daten sind im Internet über http://dnb.d-nb.de abrufbar.

1. Auflage

Stiftung Warentest
ISBN 978-3-937880-59-4

Liebe Leserin, lieber Leser.

Es ist noch gar nicht lange her, da konnten sich nur große Firmen, Unternehmen und Verbände einen eigenen Webauftritt leisten. Diese Zeiten sind zum Glück vorbei: Heute kann jeder mit einer eigenen Webseite oder einem Blog online gehen. Der technische Aufwand ist gering, die Kosten sind es ebenfalls. Es war nie einfacher, selbst im Web vertreten zu sein.

Entsprechend groß ist der Ansturm: Immer mehr Menschen gehen mit Begeisterung online, stellen Texte, Fotos oder Videos ins Netz und werden so Teil der Internetgemeinde. Viele reden vom „Web 2.0" und meinen damit: Jeder kann mitmachen – jeder soll mitmachen. Das weltweite Netz ist demokratisch geworden. Ein Medium für alle – von allen.

Es gibt zahllose Möglichkeiten, sich zu präsentieren: Ob man nun Texte veröffentlichen, ein eigenes Radioprogramm herstellen oder Videos zeigen möchte, ob nun privat oder weil man sich im Internet ein großes Publikum verspricht. Besonders beliebt sind derzeit Blogs. Es dauert nur ein paar Minuten, um mit einem eigenen Blog starten zu können. Immer mehr Menschen wollen Teil der Blogosphäre werden. Sie wollen mitmachen – und nicht nur Blogs anderer Leute lesen.

In Wikis schließen sich Gleichgesinnte zusammen – und bauen gemeinsam ein Nachschlagewerk oder Archiv auf. Prominentestes Beispiel ist Wikipedia: Ein Onlinelexikon, an dem weltweit Tausende Autoren und Redakteure arbeiten, kostenlos, und so etwas Einmaliges auf die Beine stellen. Auch soziale Netzwerke, in denen man sich anmeldet und Gleichgesinnte trifft, sich unterhält, Projekte plant, Daten oder Informationen austauscht, erfreuen sich besonders großer Popularität – in jeder Altersstufe.

Das Internet verändert gerade sein Gesicht. Eine spannende Zeit. Dieses Buch zeigt, welche Möglichkeiten sich bieten, wie man mitmacht und worauf man achten muss.

Inhalt

Kapitel 1
Das Internet, ein Mitmachmedium

Das Internet, ein Mitmachmedium

Zu Beginn war das Internet eine Einbahnstraße. Firmen und Anbieter veröffentlichten auf ihren Internetseiten die unterschiedlichsten Inhalte, die dann zu Hause am PC gelesen werden konnten – mehr aber auch nicht. Das Web ähnelte einer Litfasssäule, auf der die Inhalte angeschlagen wurden. Selbst mitmachen? Fehlanzeige. Die Zeiten sind vorbei. Jetzt funktioniert das Internet in beide Richtungen. Jeder kann aktiv das Internet mitgestalten und eigene Fotos, Videos, Radioprogramme und Texte veröffentlichen. „Web 2.0" nennen Experten das und meinen damit das Mitmachnetz, die zweite Generation des Internets.

Die Möglichkeiten, im Internet aktiv zu werden und mitzumachen, sind enorm. Ob Sie nur wenig Zeit haben oder die eigene Internetseite zum intensiven Hobby ausbauen möchten – für jeden ist etwas dabei. Dieses Kapitel zeigt einen Überblick der Möglichkeiten, wie viel Zeit Sie dafür investieren müssen und welche Mitmachlösung für Sie die beste ist.

Was ist eigentlich Web 2.0?

Vielleicht haben Sie in den Medien oder bei Gesprächen mit Freunden und Bekannten schon einmal davon gehört, vom Web 2.0, gesprochen *Web Zweinull* oder *Web Zwei-Punkt-Null*. Die Zahl 2.0 soll – analog zu Versionsnummern bei Programmen – vermitteln, dass es sich um die zweite Version oder Generation des Internets handelt.

Das hört sich zunächst geheimnisvoll an, dahinter verbirgt sich aber nicht mehr als die neuen Möglichkeiten, im Internet mitzumachen. Das „neue" Internet können Sie aktiv mitgestalten. Und genau darum geht es in diesem Buch: das Mitmachen im Web, das Gestalten eigener Internetseiten und die aktive Teilnahme an sogenannten Communitys, Treffpunkten im Internet.

Web 1.0: Lesen, mehr aber nicht

Um das Besondere des Webs 2.0 zu verstehen, lohnt sich ein Blick zurück in die Entstehungsgeschichte des Internets. Die ersten interessanten Webseiten eroberten ab 1996 die heimischen PCs. Zu den Pionieren gehörten unter anderem Suchmaschinen sowie Online-Zeitschriften und -Tageszeitungen. Internetnutzer konnten das spärliche Angebot an Webseiten zwar lesen, das Veröffentlichen eigener

Inhalte war aber gar nicht oder nur sehr mühsam möglich. Das Internet war lange Zeit eine Einbahnstraße. Die Informationen flossen nur in eine Richtung: vom Webseitenbesitzer zum Leser. Das hat sich mit dem Mitmachinternet, dem Web 2.0, grundlegend geändert.

Lange Zeit funktionierte das Internet wie eine Litfasssäule: Man konnte nur passiv lesen, aber nicht aktiv mitgestalten.

Web 2.0: Jetzt mache ich mit

Mit dem Web 2.0, das seit ungefähr 2004 in aller Munde ist, wandelt sich das Gesicht des Internets. Zwar gibt es immer noch eine Fülle von Webseiten, die „nur" passiv gelesen werden, zunehmend aber werden interaktive Webseiten populär – Angebote, die Sie nicht nur durchstöbern, sondern aktiv mitgestalten können. Auch der Aufbau einer komplett eigenen Homepage inklusive individueller Adresse ist mittlerweile problemlos möglich. Aus der Litfasssäule der ersten Internetgeneration ist mit dem Web 2.0 ein Schwarzes Brett geworden, an dem jeder von überall aus mitmachen kann. Im Mittelpunkt stehen beim Web 2.0 nicht die Unternehmen oder Redaktionen, die Inhalte veröffentlichen, sondern Sie: die Nutzer am heimischen PC.

Mit dem Web 2.0 ist Mitmachen angesagt. Die Kommunikation läuft – wie bei einem Schwarzen Brett – in beide Richtungen. Sie können das Web aktiv mitgestalten.

In diesem Kapitel erhalten Sie zunächst einen Überblick über die faszinierenden Möglichkeiten und erfahren, welche Mitmachvariante für Sie die beste ist. Die folgenden Kapitel verraten dann im Detail, wie Sie zum Beispiel ein eigenes Blog oder eine komplette Homepage selbst gestalten. Alles, was Sie dazu brauchen, sind ein PC mit Internetzugang und eine Portion Kreativität.

So können Sie mitmachen

Das Internet bietet jede Menge Möglichkeiten, aktiv einzusteigen und das Web selbst mitzugestalten. Doch wozu überhaupt mitmachen, werden Sie vielleicht fragen. Eine berechtigte Frage, schließlich bietet das Web auch ohne eigenes Zutun ein Menge Interessantes. Doch die Antwort ist einfach: Es macht Spaß, seine eigenen Ideen, Kommentare, Fotos, Videos oder Erlebnisberichte zu präsentieren.

Meist bleiben Sie dabei auch nicht unentdeckt. Oft dauert es nur wenige Stunden oder Tage, bis andere Internetnutzer auf Sie aufmerksam werden und Ihre Beiträge kommentieren, kritisieren, loben oder neue Ideen ins Spiel bringen. Wenn Sie beispielweise über Ihre Lieblingskochrezepte schreiben, finden sich schnell weitere Hobbyköche, die ihre Rezeptideen beisteuern oder Verbesserungsvorschläge anbringen. Das Web bietet vier grundsätzliche Möglichkeiten, um sich einzubringen:

- **Communitys und soziale Netzwerke**
  Die Communitys (Gemeinschaften) funktionieren nach dem Prinzip der Sportvereine, Stammtische oder Hobbygruppen. Man trifft sich, stellt sich vor, tauscht Ideen aus und knüpft in sozialen Netzwerken Freundschaften. Ideal für den schnellen Gedankenaustausch zwischendurch.

- **Blogs**
  Blog hört sich technisch an, meint aber nichts anderes als eine eigene kleine Webseite, auf der Sie nach Lust und Laune über alle erdenklichen Themen schreiben können. Das Gute an Blogs: Sie brauchen keine neuen technischen Kenntnisse, um die eigene Webseite zu betreiben, weil die Vorlagen für Blogs von den Betreibern schon „vorinstalliert“ sind.

- **Wikis**
  Wiki ist ebenfalls ein Kunstwort aus der Internetwelt. Dahinter

steckt eine besondere Form der Internetseite. Hier gibt es nicht nur einen Autoren, sondern gleich Dutzende, Hunderte oder Tausende. Alle Wiki-Mitglieder schreiben gemeinsam an der Webseite und verknüpfen ihre Artikel untereinander. Wikis sind besonders für Firmen, Vereine oder Clubs interessant, um sich untereinander auszutauschen oder gemeinsam einen Internetauftritt auf die Beine zu stellen.

- **Die eigene Homepage**
  Die „echte" eigene Homepage ist praktisch die Königsklasse im Internet. Hier haben Sie alle Freiheiten, das Layout, den Inhalt und die Funktionen selbst zu gestalten. So viel Spielraum hat allerdings seinen Preis. Gestaltung und Pflege der Homepage kosten viel Zeit und erfordern eine gehörige Portion technisches Verständnis.

Falls Sie noch unschlüssig sind, wie und in welcher Form Sie im Internet mitmachen möchten, helfen Ihnen die Übersichten auf den nächsten Seiten. Und im Abschnitt *Für jeden das Richtige* (→ Seite 19) finden Sie einen Entscheidungsbaum, mit dem Sie Schritt für Schritt die für Sie richtige Mitmachform herausfinden.

Unter Freunden: Communitys und soziale Netzwerke

Wer im Internet mitmachen möchte, muss nicht gleich eine komplette Webseite sein Eigen nennen. Möglich machen das Communitys wie Flickr und YouTube sowie soziale Netzwerke wie MySpace, Xing und StudiVZ.

Das Prinzip der Communitys ist einfach: Mit der kostenlosen Anmeldung werden Sie automatisch Mitglied und können sofort Ihre eigenen Fotos, Videos oder Erlebnisberichte veröffentlichen. Oder Sie stöbern in den Beiträgen anderer Mitglieder, hinterlassen Kommentare oder nehmen Personen in Ihre Freundesliste auf. Zu den bekanntesten Communitys gehören:

- **Flickr**
  www.flickr.com
  Community zum Austauschen und Veröffentlichen eigener Fotos. Flickr-Mitglieder stellen hier über 20 Millionen Fotos aus.

- **Fotocommunity und View.de**
  www.fotocommunity.de
  view.stern.de (ohne „www.")
  Hier treffen sich vor allem Hobbyfotografen und Profis aus

Deutschland, Österreich und der Schweiz, um Fotos auszutauschen und über die Schnappschüsse zu diskutieren.

Fotografen finden in der Fotocommunity einen idealen Treffpunkt, um Fotos zu veröffentlichen oder darüber zu plaudern.

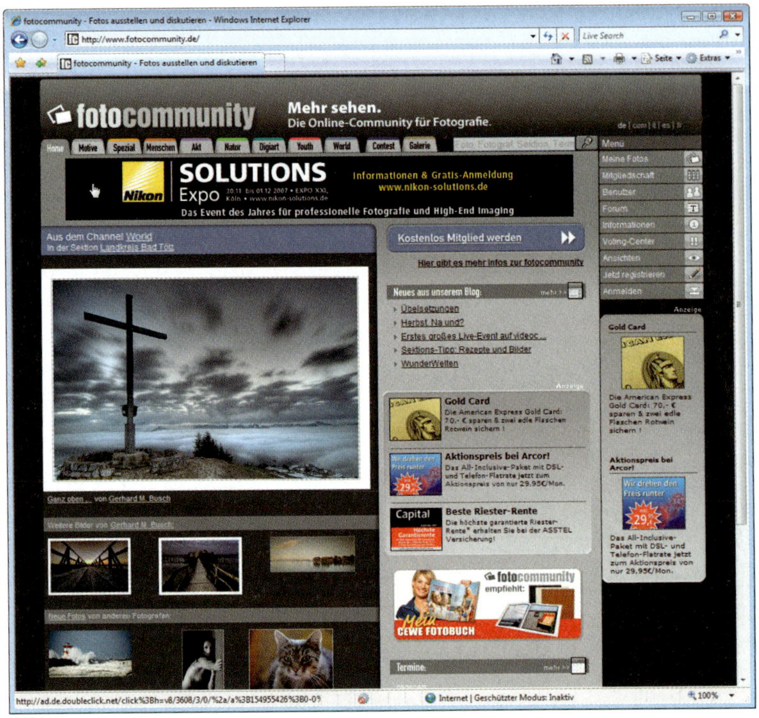

YouTube
Broadcast Yourself™

- **YouTube**
  www.youtube.com
  Hier veröffentlichen Internetnutzer eigene Videoclips. Pro Tag werden bei YouTube mehr als 100 Millionen Videos heruntergeladen.

Soziale Netzwerke funktionieren wie Communitys und bieten zusätzlich die Möglichkeit, rasch Kontakte zu knüpfen. Das Grundprinzip der sozialen Netzwerke: Hier treffen sich Menschen mit gleichen Interessen. So gibt es beispielsweise spezielle Netzwerke für Studierende, Schüler und Geschäftsleute. Die bekanntesten sozialen Onlinenetzwerke sind:

Deutschland myspace a place for friends

- **MySpace**
  www.myspace.com
  Mit knapp vier Millionen deutschen Nutzern gehört MySpace zu den erfolgreichsten Treffpunkten im deutschen Internet.

- **StudiVZ**
  www.studivz.net
  Im StudiVZ (Studentenverzeichnis) tummeln sich vornehmlich Studierende aus ganz Deutschland.

- **StayFriends**
  www.stayfriends.de
  StayFriends (zu Deutsch: Freunde bleiben) eignet sich, um ehemalige Schulfreunde wiederzufinden und Klassentreffen zu organisieren.

- **Xing**
  www.xing.com
  Vor allem Geschäftsleute, Freiberufler, Selbstständige, Arbeitnehmer und Arbeitgeber knüpfen über das Xing-Netzwerk Kontakte.

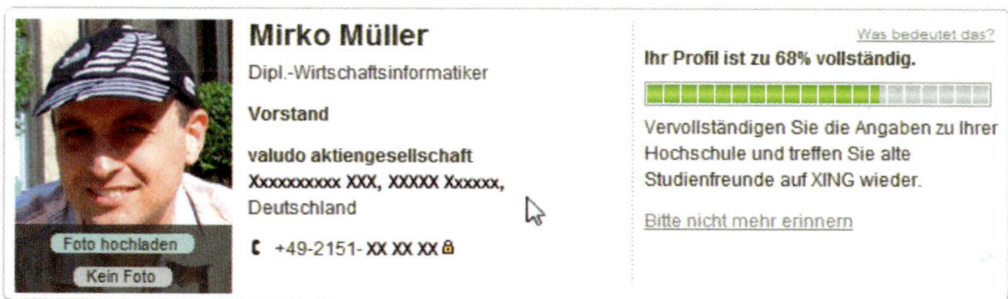

Das Besondere an Communitys und sozialen Netzwerken: Meist tummeln sich hier Tausende – bei großen Diensten sogar Millionen – andere Mitglieder. Eine Community ist wie ein riesiger Verein oder ein überdimensionaler Stammtisch, an dem sich rund um die Uhr Mitglieder treffen und untereinander austauschen. Eine tolle Sache, um rasch Bekanntschaften und oft sogar Freundschaften zu knüpfen.

In sozialen Netzwerken knüpfen Sie rasch Kontakte zu anderen Mitgliedern; beim Netzwerk Xing beispielsweise mit Unternehmern, Selbstständigen, Freiberuflern und Arbeitnehmern.

Info

Steckbrief Community

Möglichkeiten:	Sich selbst vorstellen, eigene Texte, Fotos und Videos veröffentlichen, Freunde finden
Das brauchen Sie:	Internet-PC
Technische Kenntnisse:	Grundkenntnisse im Umgang mit dem PC und dem Internet
Kosten:	Keine
Zeitaufwand für die einmalige Einrichtung/Anmeldung:	5 Minuten
Zeitaufwand pro Tag:	0 Minuten bis mehrere Stunden – ganz nach Belieben

Wie Sie selbst an Communitys und sozialen Netzwerken teilnehmen, erfahren Sie ausführlich im Kapitel *Communitys: Mitmachen im Web* (→ Seite 27).

Selbst Texte, Bilder und mehr veröffentlichen: Blogs

Wenn Sie möglichst schnell und unkompliziert mit einer eigenen Webseite im Internet präsent sein möchten, sollten Sie sich für ein Blog entscheiden. *Blog* ist ein Kunstwort, das aus dem Begriff Weblog, zu Deutsch: Internettagebuch, entstanden ist. Und tatsächlich: Ein Blog war bis vor einigen Jahren eine Art Onlinetagebuch, in dem Internetnutzer über ihren Alltag berichteten.

Heute sind Blogs nicht mehr nur Tagebücher, sondern richtige kleine Internetseiten zu allen erdenklichen Themen. So gibt es Blogs über Kochrezepte, zur Bundesliga, zu Krimis oder über Politik. Der Fantasie sind keine Grenzen gesetzt.

Mehrere Millionen Blogs gibt es mittlerweile im Internet. Das Geheimnis der Blogs: Für die erstmalige Einrichtung und das Schreiben eigener Beiträge sind nur technische Kenntnisse erforderlich, die jeder Computernutzer und Internetsurfer heute bereits hat. Bei vielen Internetanbietern erhalten Sie eine eigene Blog-Webseite kostenlos, und Sie können nach dem Anmelden sofort loslegen.

Info

Blog, Blogger und Bloggen

Der Begriff Blog ist so populär, dass er es bereits in den Duden geschafft hat. Auch der Blogger, der Autor einer Blogseite, und das Bloggen, das Schreiben eigener Blogbeiträge, sind fest in der deutschen Sprache verankert.

Bloggen ist so einfach wie Briefeschreiben: Sie tippen am PC Ihren Blogbeitrag und stellen ihn mit einem Mausklick online.

Ihren Blogbeitrag schreiben Sie wie mit einer Textverarbeitung – etwa einen Bericht über Ihren letzten Urlaub – und stellen ihn mit einem Klick online. Sofort ist Ihr Urlaubsbericht, Ihre Rezeptsammlung oder Ihre Reparaturanleitung für die Kaffeemaschine weltweit für jedermann sichtbar. Wann und wie viel Sie veröffentlichen, entscheiden Sie selbst.

Ausführliche Informationen über Blogs, wo Sie die besten Blogs finden und wie Sie in wenigen Minuten Ihr eigenes Blog auf die Beine stellen, sind Themen des Kapitels *Blogs: Mitmachen im Internet* (→ Seite 51).

Info

Steckbrief Blog

Möglichkeiten:	Sich selbst vorstellen, eigene Texte und Fotos veröffentlichen
Das brauchen Sie:	Internet-PC
Technische Kenntnisse:	Kenntnisse eines durchschnittlichen PC- und Internetnutzers
Kosten:	Keine
Zeitaufwand für die einmalige Einrichtung/Anmeldung:	30 Minuten
Zeitaufwand pro Tag:	0 Minuten bis mehrere Stunden – ganz nach Belieben

Beim Zeitgeschichteportal www.einestages.de werden alle selbst geschriebenen Artikel vor der Veröffentlichung von der Redaktion überprüft.

einestages beta

Eine besondere Form der Blogs bilden redaktionell betreute Angebote wie www.einestages.de. Beim Zeitgeschichteportal von Spiegel Online können Sie eigene Fotos und Textbeiträge zur Zeitgeschichte veröffentlichen, etwa eigene Berichte zum Mauerfall oder über das Finale der Fußballweltmeisterschaft.

Es gibt jedoch einen großen Unterschied zu klassischen Blogs: Während Sie beim privaten Blog nach Lust und Laune schreiben können, werden auf www.einestages.de alle Fotos und Textbeiträge von der Spiegel-Online-Redaktion geprüft, bevor sie veröffentlicht werden. Das garantiert eine stets gleichbleibende inhaltliche Qualität.

WIKIPEDIA

Mit mehreren zusammenarbeiten: Wiki

Vermutlich haben Sie schon einmal von Wikipedia (de.wikipedia.org, ohne „www.") gehört oder dort recherchiert. Wikipedia ist ein erfolgreiches Onlinelexikon der besonderen Art. Hinter den fast 700 000 Begriffserklärungen stecken keine Verlage, sondern Internetnutzer wie Sie und ich.

Sämtliche Artikel wurden von Tausenden Freizeitautoren eingetragen. Auch die Pflege der bestehenden Lexikoneinträge nehmen die Nutzer aus aller Welt selbst in die Hand. Wikipedia lebt davon, dass möglichst viele Nutzer an dem Projekt weiterarbeiten.

Das Wikipedia-Prinzip, bei dem viele Internetnutzer gemeinsam eine Webseite mit Inhalt füllen, können Sie auch für die eigene Homepage einsetzen.

Gleiches gilt für Meyers Lexikon online (lexikon.meyers.de, ohne „www.“). Hier stammt der Grundbestand zwar aus dem gedruckten Werk „Meyers Lexikon“, aber auch hier können Sie ein kostenloses Benutzerkonto anlegen und direkt im Lexikon Änderungen und Erweiterungen vornehmen. Die Vorschläge werden von der Redaktion geprüft und anschließend online veröffentlicht.

Das Wikipedia-Prinzip gibt es auch für die eigene Homepage. Sie können das Konzept übernehmen und ein eigenes Lexikon (Wiki) ins Netz stellen. Dabei muss es sich nicht zwangsläufig um ein Lexikon handeln. Ein Wiki eignet sich besonders für Firmen, Vereine, Clubs und Interessengemeinschaften. Alle Mitarbeiter oder Vereinsmitglieder können dann gemeinsam an der Webseite arbeiten.

Info

Steckbrief Wiki

Möglichkeiten:	Mehrere Nutzer, zum Beispiel Mitarbeiter oder Vereinsmitglieder, können die Seite gemeinsam gestalten und eigene Beiträge verfassen.
Das brauchen Sie:	Internet-PC
Technische Kenntnisse:	Bei fertigen Wiki-Lösungen: keine Bei Wikis als Ergänzung zur eigenen Homepage: → Steckbrief Homepage
Kosten:	Bei fertigen Wiki-Lösungen: keine Bei Wikis als Ergänzung zur eigenen Homepage: → Steckbrief Homepage
Zeitaufwand für die einmalige Einrichtung/Anmeldung:	30 bis 60 Minuten
Zeitaufwand pro Tag:	0 Minuten bis mehrere Stunden – ganz nach Belieben

Wie Sie ein eigenes Wiki aufbauen, pflegen und mit Inhalt füllen, erfahren Sie ausführlich im Kapitel *Das eigene Wiki* (→ Seite 85).

Die Luxusversion: Die eigene Homepage

Bei Communitys, Blogs und Wikis ist das Mitmachen besonders einfach. Die Anbieter stellen Ihnen nach dem Baukastenprinzip einen komplett eingerichteten persönlichen Bereich zur Verfügung, den Sie nur noch mit Inhalt füllen müssen. In Communitys wie MySpace brauchen Sie im ersten Schritt zum Beispiel nur Ihre Profildaten zu ergänzen, vielleicht noch ein, zwei Fotos und einen kleinen Bericht über Ihre Hobbys einzustellen, und fertig ist der eigene Internetauftritt.

Das Baukastenprinzip ist bequem und führt rasch zum Ziel, hat aber auch Nachteile: Zwar lassen sich bei vielen Anbietern das Layout, die Farben und die Form der eigenen Seite verändern, allerdings nur in gewissen Grenzen. Wer mehr möchte, kann den kompletten Internetauftritt selbst in die Hand nehmen und die Seite nach Belieben gestalten. Mit der „echten" eigenen Homepage haben Sie bei der Gestaltung, der Navigation und dem Umfang der Funktionen freie Hand. Als kleinen, aber feinen Luxus erhalten Sie zudem eine individuelle Internetadresse.

Der Nachteil dieser Variante: Sie müssen mit Ihrem Webauftritt praktisch bei null, mit einer leeren weißen Seite beginnen. Für Farben, Schriftarten, Seitenaufbau und Verknüpfung der Seiten sind Sie selbst verantwortlich.

Die eigene Homepage ist daher eher eine Sache für Profis: für erfahrene Blogger, die bereits in Communitys und mit eigenen Blogs im Web vertreten sind, aber mehr wollen. Einsteiger sollten mit den Klassikern wie Community und Blog beginnen und die eigene Homepage als weitere Ausbaustufe offenhalten.

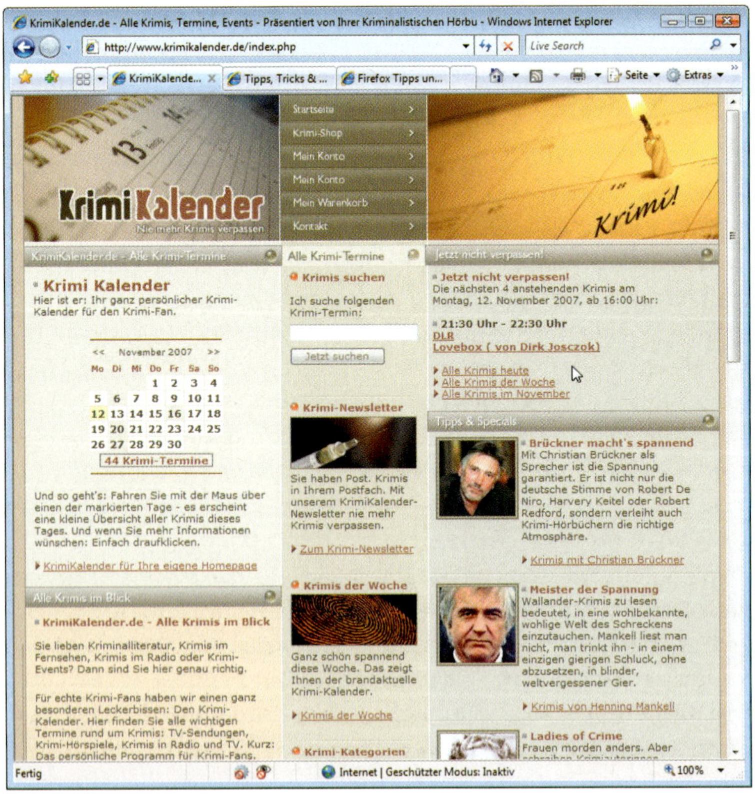

Das geht nur mit einer eigenen Homepage: individuelle Layouts und Funktionen, die über die Standardlayouts von Communitys und Blogs hinausgehen. Die eigene Homepage gibt es allerdings nicht kostenlos, und die Einrichtung kostet viel Zeit.

Info

Steckbrief Homepage

Möglichkeiten:	Größter Spielraum bei der Gestaltung, dem Inhalt und den Funktionen auf der Webseite
Das brauchen Sie:	Internet-PC Webspeicherplatz HTML-Editor wie Dreamweaver, Expression Web Designer oder Nvu Composer
Technische Kenntnisse:	Umgang und Bedienung von HTML-Editoren
Kosten:	Zwischen 2 und 10 Euro pro Monat. Es gibt auch kostenlosen Webspeicherplatz, hier sind die Gestaltungsmöglichkeiten jedoch eingeschränkt.
Zeitaufwand für die einmalige Einrichtung/Anmeldung:	Mindestens 1 bis 5 Stunden
Zeitaufwand pro Tag:	0 Minuten bis mehrere Stunden – ganz nach Belieben

Wie Sie eine eigene Homepage einrichten, gestalten und pflegen, erfahren Sie ausführlich im Kapitel *Meine eigene Homepage* (→ Seite 113).

Für jeden das Richtige

Keine Frage: Mitmachen im Internet ist eine tolle Sache. Stellt sich nur die Frage, welche Variante denn nun die beste ist. Die Community, das Blog, das Wiki oder doch die „echte" eigene Homepage? Oder gleich mehrere oder alle Formen gleichzeitig?

Wichtig für die richtige Entscheidung sind zwei Faktoren: der Zeitaufwand und die Kosten. Wenn Sie möglichst schnell und ohne Zusatzkosten aktiv werden möchten, sollten Sie sich bei Communitys anmelden oder ein eigenes Blog einrichten.

Ein Wiki ist interessant, wenn Sie mit Freunden, Bekannten oder Mitarbeitern gemeinsam eine Webseite aufbauen und pflegen möchten, etwa im Verein.

Die eigene Homepage bietet zwar den größten Gestaltungsspielraum und obendrein eine eigene Internetadresse, kostet aber auch eine Menge Zeit und ist meist mit monatlichen Zusatzkosten für die Miete des Webspeicherplatzes verbunden.

Mit Hilfe des Diagramms auf der folgenden Seite finden Sie ganz schnell heraus, welche Mitmachvariante für Sie am besten geeignet ist.

Das Internet, ein Mitmachmedium

Mit dem Entscheidungsdiagramm ermitteln Sie schnell die für Sie beste Möglichkeit, im Internet aktiv zu werden.

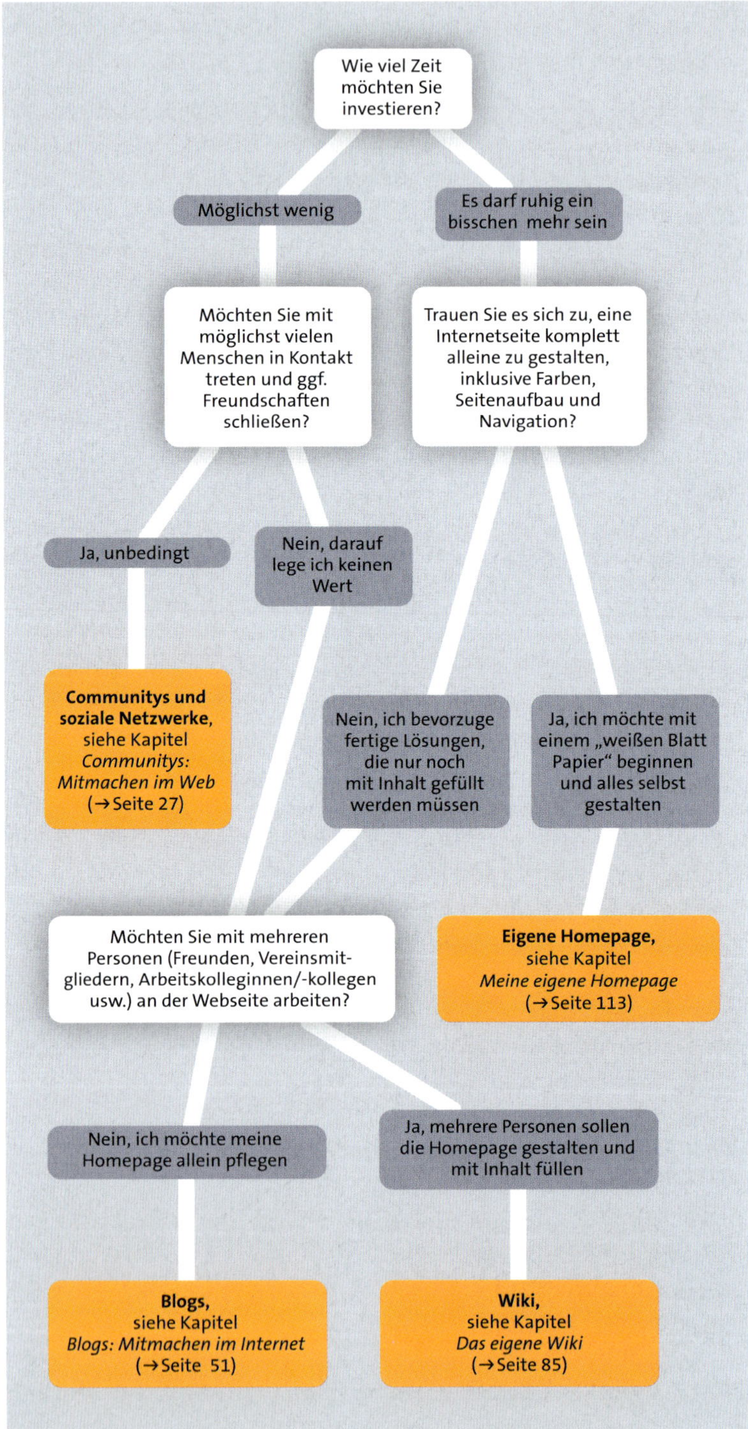

Zeigt her Eure persönlichen Daten: Der digitale Striptease

Bevor Sie loslegen und in Communitys oder Blogs mitmachen, ein wichtiger Hinweis vorab: Wer im Internet aktiv wird und sich in Communitys oder im eigenen Blog präsentiert, lässt – bildlich gesprochen – die Hosen herunter. Sie verraten damit meist, wer Sie sind, wo Sie wohnen, was Ihre Hobbys sind, wo Sie arbeiten und vieles mehr. Alles, was Sie in der Community, im Blog oder auf der eigenen Homepage bekannt geben, ist öffentlich für jedermann sichtbar.

Wer im Internet nach Personen oder Namen recherchiert, kann erstaunliche Dinge über seine Mitmenschen herausfinden. Eine einfache Anfrage bei der Suchmaschine Google (www.google.de) genügt bereits, um mit wenigen Klicks alle öffentlich verfügbaren Informationen einer Person zu ermitteln.

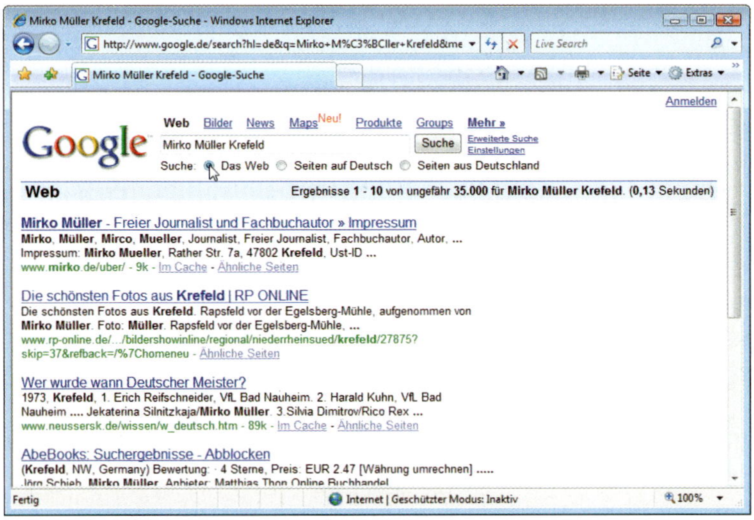

Über Suchmaschinen wie Google lässt sich rasch herausfinden, was bereits über Sie im Netz gespeichert ist – meist viel mehr, als den meisten lieb ist.

Es gibt sogar spezielle Suchmaschinen, die sich auf die Personensuche spezialisiert haben. Die Suchmaschine Yasni (www.yasni.de) filtert alle Informationen, die bei Communitys wie Xing, Facebook, MySpace und StayFriends, in Blogs oder auf eigenen Webseiten veröffentlicht wurden.

So geht's:

Um herauszufinden, welche Informationen über Sie bereits im Netz zu finden sind, gehen Sie folgendermaßen vor:

1. Starten Sie Ihren Internetbrowser (*Start* | *Internet Explorer*) und rufen Sie die Webseite www.yasni.de auf.
2. Geben Sie in das Suchfeld Ihren Vor- und Nachnamen ein. Bestätigen Sie die Eingabe mit einem Klick auf *Suchen*.

3. Jetzt durchforstet die Personensuchmaschine alle öffentlich verfügbaren Informationen über Sie. Dazu gehören alle Texte und Bilder, die über Sie in Medienberichten, Community-Profilen, Blogs oder Forenbeiträgen veröffentlicht wurden. Dabei spielt es keine Rolle, ob die Informationen von Ihnen stammen oder von anderen Personen ins Netz gestellt wurden.

Neben Yasni gibt es noch weitere Suchmaschinen, die sich auf das Aufspüren personenbezogener Daten spezialisiert haben. Zu den bekanntesten gehören:

- Stalkerati (www.stalkerati.de)
- Spock (www.spock.com)
- Wink (www.wink.com)
- Yahoo! People Search (people.yahoo.com, ohne „www.“)

Unser Rat: Seien Sie sich darüber bewusst, dass alles, was Sie an Informationen über sich ins Netz stellen, öffentlich zugänglich ist. Persönliche oder intime Daten gehören daher nicht auf die eigene Webseite. Im Blog oder auf der eigenen Homepage sollten Sie nur das veröffentlichen, was Sie auch fremden Menschen auf der Straße über sich erzählen würden.

Die digitale Reputation kann auch außerhalb des Internets eine große Rolle spielen, zum Beispiel bei Bewerbungen. Viele Personalabteilungen führen bereits Suchabfragen bei Personensuchmaschinen durch, um sich im Vorfeld ein Bild über den Bewerber zu machen. Und wer dort mit peinlichen Fotos oder extremen politischen Ansichten von sich reden macht, hat schlechte Karten. Zumal das Netz nichts vergisst: Was einmal in den Suchmaschinen gespeichert ist, lässt sich kaum wieder entfernen.

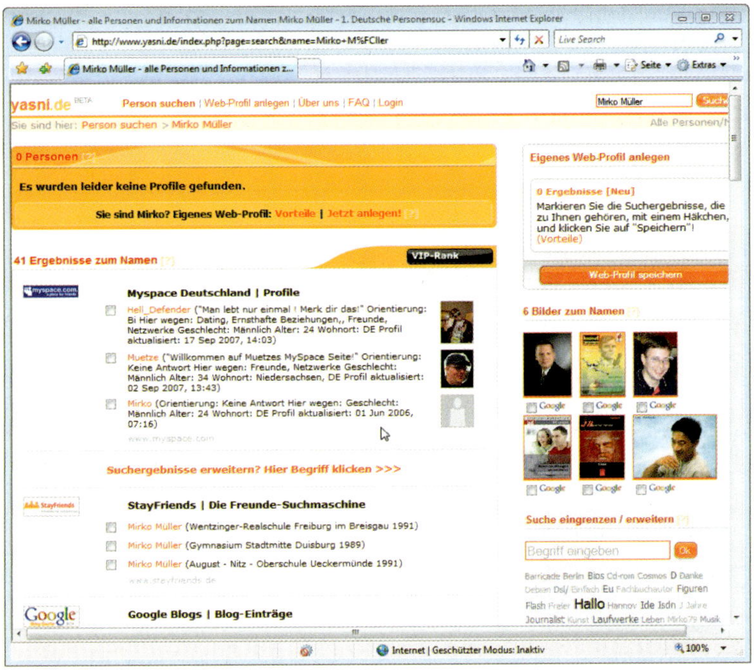

Durch Personensuchmaschinen wie Yasni werden Sie im Web zum gläsernen Menschen. Die Eingabe von Vor- und Nachname genügt, um alle im Netz gespeicherten Informationen über Sie zu finden.

Achtung

Weitere Stolperfallen

Wer im Internet Texte, Bilder und Videos veröffentlicht, auf den warten weitere Stolperfallen. Im Blog oder auf der eigenen Homepage können Sie zwar über alles und jeden reden, doch das ist noch lange kein Freibrief, der alles erlaubt, was möglich ist. Wenn Sie urheberrechtlich geschützte Texte oder Bilder kopieren, rassistische, gewaltverherrlichende oder pornografische Inhalte veröffentlichen oder das Impressum vergessen, drohen kostspielige Abmahnungen.

Welche Fallen es noch gibt und wie Sie sie umgehen, erfahren Sie ausführlich im Kapitel *Achtung: Juristische Fallstricke* (→ Seite 161).

Second Life und andere Trends im Internet

Mit dem Modebegriff Web 2.0, der vornehmlich das Mitmachen und Mitgestalten des Internets meint, ist auch gerne von Second Life – zu Deutsch: zweites Leben – die Rede. Doch was ist das eigentlich?

Im Grunde ist Second Life „nur“ ein kostenlos erhältliches Computerspiel, ein sehr erfolgreiches allerdings. Second Life ist eine virtuelle Welt, in der es alles gibt, was man aus der echten Welt, dem „First Life“, auch kennt: Es gibt Straßen, Häuser, Einkaufszentren, ganze Städte,

Parks und Wälder ... und eine Menge „Menschen“, die diese virtuellen Welten bewohnen.

Diese digitalen Bewohner werden von Internetnutzern aus aller Welt gesteuert, treffen und unterhalten sich und entwickeln die virtuelle Welt weiter. Hier werden rund um die Uhr Partys veranstaltet, man trifft sich am Strand oder lauscht einem Redner im Park.

Dem Alltag des „ersten Lebens“ entfliehen: Im Second Life wandern Sie mit Ihrer Spielfigur durch eine dreidimensionale Computerwelt.

Second Life ist äußerst erfolgreich, auch wenn sich die öffentliche Aufmerksamkeit nach dem ersten großen Medienhype wieder gelegt hat. Über zehn Millionen Internetnutzer haben hier bereits ihr Alter Ego geschaffen und steuern ihr zweites Ich durch die virtuellen Städte. Bis zu 50 000 Avatare – so der Fachbegriff für die Spielfiguren – sind gleichzeitig in der Onlinewelt unterwegs. Second Life ist mittlerweile so erfolgreich, dass sogar Unternehmen Filialen in der Scheinwelt eröffnen. So gibt es beispielsweise von Mercedes Benz ein virtuelles Autohaus mit Teststrecke. Auch Adidas, Dell, Microsoft und Coca Cola locken Benutzer in die Second-Life-Filialen.

So geht’s:

Wenn Sie selbst einmal ein Alter Ego erschaffen und die virtuelle Welt des Second Life erkunden möchten, benötigen Sie nur die kostenlose Software.

1. Öffnen Sie im Internetbrowser die Webseite www.secondlife.com/world/de.
2. Klicken Sie unten links auf den Link *Die Downloads* und anschließend auf die Schaltfläche *Download*.
3. Sobald der Download abgeschlossen ist, klicken Sie doppelt auf die heruntergeladene Datei, um die Installation der Second-Life-Software zu starten.
4. Folgen Sie den Anweisungen des Installationsassistenten.

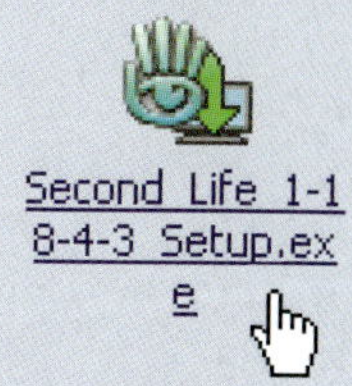

Sobald die Installation abgeschlossen ist, legen Sie ein neues Benutzerkonto an und erschaffen Ihre virtuelle Spielfigur. Dabei haben Sie bei der Haarfarbe, der Kleidung oder dem Schmuck freie Wahl. Sobald Ihnen Ihr zweites Ich gefällt, starten Sie mit Ihrer Spielfigur in einer der Second-Life-Städte.

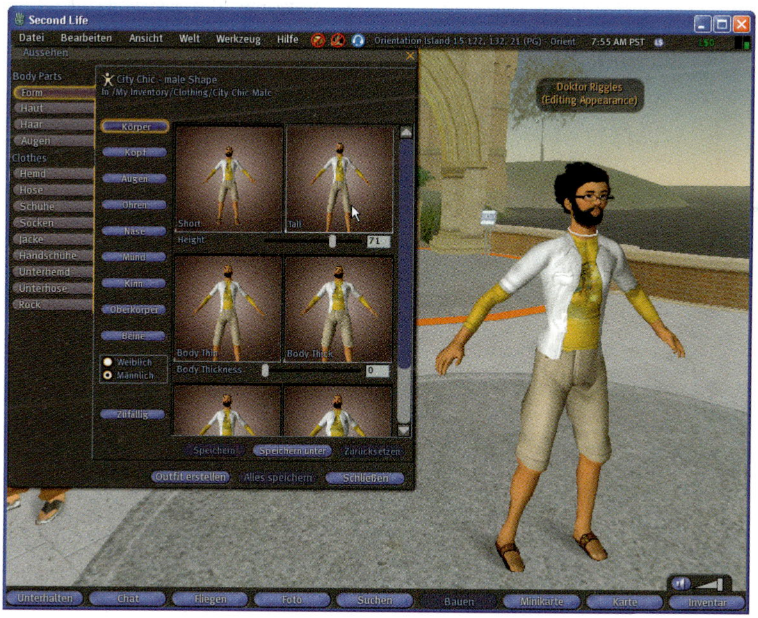

Mit oder ohne Bart? Im Second Life bestimmen Sie selbst, wie Sie aussehen.

Second Life ist nicht die einzige virtuelle Welt im Internet. Ähnlich erfolgreich ist das Computerspiel World of Warcraft mit knapp neun Millionen aktiven Spielern. Hier geht es allerdings nicht um eine Nachbildung der realen Welt.

In World of Warcraft – von Spielern kurz WoW genannt – schlüpfen Sie in die Rolle eines bewaffneten Helden, der in einer Fantasywelt gegen Drachen, Orks und zaubernde Fabelwesen kämpft. Hier steht weniger die Kommunikation mit anderen Mitspielern im Vordergrund. Ziel ist es, gemeinsam mit möglichst vielen Mitstreitern die künstliche Welt Azeroth zu erkunden und dort Abenteuer zu erleben. Die Teilnahme an der Online-Fantasywelt kostet pro Monat knapp zwölf Euro.

Eine Community der besonderen Art: In World of Warcraft kämpfen rund um die Uhr Tausende Internetnutzer gegen Fantasiewesen.

Kapitel 2

Communitys: Mitmachen im Web

Communitys: Mitmachen im Web

Sie können auch ohne eigene Webpräsenz im Internet mitmachen. Möglich machen das öffentliche Plattformen wie die Fotocommunity Flickr, das Videoportal YouTube, soziale Netzwerke wie MySpace und viele andere mehr. Allen gemeinsam ist ein simples Prinzip: Sie melden sich bei den Mitmachplattformen an und können sofort Ihre eigenen Fotos, Videos oder Erlebnisberichte veröffentlichen. Und da mehrere Tausend – bei großen Diensten sind es sogar Millionen – andere Mitglieder ebenfalls dort angemeldet sind, sind Sie nicht allein in den Communitys. Die Chancen stehen gut, dass Ihre Fotos, Videos und Berichte sofort von anderen gelesen, betrachtet und bewertet werden.

In diesem Kapitel erfahren Sie, was Communitys eigentlich sind und wie Sie selbst Teil der Webgemeinschaft werden und eigene Texte und Fotos veröffentlichen.

Info

Soziale Netzwerke sind beliebt

Der Marktforscher comScore (www.comscore.com) hat ermittelt, dass sich im Juli 2007 insgesamt 14,8 Millionen Deutsche und damit knapp 45 Prozent der deutschen Internetnutzer an sozialen Netzwerken beteiligen.

Was sind eigentlich Communitys?

Communitys, zu Deutsch: Gemeinschaften, sind aus dem Internet nicht mehr wegzudenken. Die Onlinetreffpunkte funktionieren wie riesige Stammtische, an denen Sie sich mit anderen treffen, Ideen austauschen oder einfach nur plaudern. Sie verabreden sich allerdings nicht in der Kneipe um die Ecke, sondern im Internet. So ein virtueller Treffpunkt kann riesig werden – mehrere Millionen Mitglieder sind in den größten Onlinecommunitys aktiv. Die Chancen, hier Menschen mit gleichen Interessen zu treffen und Freundschaften zu schließen, stehen bestens.

So funktionieren Communitys

Das Grundprinzip ist bei allen Onlinecommunitys gleich. Nach der kostenlosen Anmeldung sind Sie bereits Teil der Webgemeinschaft. Bei den meisten Communitys stehen Ihnen anschließend folgende Möglichkeiten zur Verfügung:

- **Ein eigenes Profil anlegen**
  Das Profil ist Ihre Visitenkarte in der Community. Hier können andere Mitglieder zum Beispiel erkennen, wie alt Sie sind, wo Sie wohnen, welche Hobbys Sie haben. Ein kleines Foto verrät zudem, wie Sie aussehen. Die Angaben im Profil sind freiwillig. Vermeiden Sie es aber, zu viele persönliche oder intime Daten zu verraten,

und beachten Sie den Abschnitt *Zeigt her Eure persönlichen Daten* (→ Seite 21) im Kapitel *Das Internet, ein Mitmachmedium*.

- **Eine eigene Homepage anlegen**
  Der Betreiber der Community stellt Ihnen einen fertig eingerichteten Bereich für eine eigene kleine Homepage bereit. Hier können Sie nach dem Baukastenprinzip Ihre persönliche Webseite gestalten. Die Gestaltungsmöglichkeiten sind meist jedoch auf einige wenige Farben und Grundlayouts beschränkt.

- **Blogbeiträge schreiben**
  Auf Ihrer persönlichen Community-Homepage können Sie eigene Textbeiträge verfassen. Hier berichten Sie beispielsweise über Ihre Urlaubserlebnisse, geben Tipps zur Gartengestaltung oder verraten Ihre Lieblingskochrezepte.

- **Leute treffen**
  Das Besondere an Communitys ist die Möglichkeit, schnell und unkompliziert Menschen mit gleichen Interessen zu treffen. Anhand der Profile und der dort hinterlegten Vorlieben und Hobbys finden Sie ganz einfach Mitglieder, die sich beispielsweise ebenfalls für die Digitalfotografie interessieren, gerne kochen, Badminton spielen oder ein Aquarium besitzen. Die Interessengruppen treffen sich in Onlineforen und tauschen sich dort über die jeweiligen Themen aus.

- **Mit Leuten plaudern**
  Sie können auch direkt mit den Mitgliedern der Onlinegemeinschaft kommunizieren. Während bei Onlineforen die Kommunikation ähnlich einem Schwarzen Brett funktioniert, bieten Chats die Möglichkeit, direkt mit anderen zu plaudern. „Gesprochen“ wird dabei in einem Chatfenster (Plauderfenster); jeder Chatteilnehmer kann den gerade eingetippten Kommentar lesen.

- **Fotogalerien anlegen**
  Besonders beliebt sind Fotogalerien. Hier können Sie anderen Community-Mitgliedern Ihre Uhrensammlung, die Fotos des letzten Sommerfests oder Ihre schönsten Urlaubsbilder zeigen. Beachten Sie dabei aber das Persönlichkeitsrecht der abgelichteten Personen. Generell dürfen Sie Bilder von Personen nur dann veröffentlichen, wenn deren Einverständnis vorliegt. Mehr hierzu finden Sie im Kapitel *Achtung: Juristische Fallstricke* (→ Seite 161).

Diese Community-Varianten gibt es

Grundsätzlich gibt es drei Varianten von Communitys, die sich teilweise überschneiden:

- **Soziale Netzwerke**
  In sozialen Netzwerken geht es vor allem darum, Kontakte zu knüpfen. Sie hinterlegen hier Ihr Benutzerprofil mit Informationen über Ihre Hobbys oder beruflichen Interessen. Dank der hinterlegten Daten lassen sich besonders einfach Nutzer mit gleichen Interessen finden: etwa Angler, Badmintonspieler oder Versicherungsmakler.

- **Fotocommunitys**
  Hier dreht sich alles um das digitale Bild. Laden Sie Ihre eigenen digitalen Fotos hoch und lassen Sie sie von anderen Community-Mitgliedern beurteilen.

- **Videocommunitys**
  Bei Videoportalen wie YouTube oder MyVideo finden Sie Tausende Videoclips, die von anderen Community-Mitgliedern ins Netz gestellt wurden. Dabei handelt es sich meist um selbstgedrehte kleine Filme oder Ausschnitte aus TV-Sendungen oder Werbespots.

Wer in Communitys mitmachen möchte, steht vor der Frage, welches Portal am besten geeignet ist. Bei allen Communitys gleichzeitig mitzumachen, ist generell zwar möglich, kostet aber eine Menge Zeit. Es gibt schlicht zu viele Onlinetreffpunkte. Beschränken Sie sich am besten auf eine bis maximal drei Communitys. Ein Entscheidungskriterium kann dabei sein, in welchen Communitys viele Ihrer Freunde und Bekannten bereits Mitglieder sind. Ist ein Großteil des Freundeskreises zum Beispiel bereits bei der T-Community (www.t-community.com) der Deutschen Telekom AG registriert, sollten Sie in Erwägung ziehen, dort ebenfalls ein Nutzerprofil anzulegen.

Falls Sie nicht schlüssig sind, wo Sie beginnen sollen, starten Sie mit sozialen Netzwerken wie MySpace. Dort sind viele Möglichkeiten der „Spezialcommunitys" wie das Hochladen von Fotos und Videos ebenfalls enthalten – wenn auch in kleinerem Rahmen. Falls Sie dann zum Beispiel doch viel mehr eigene Fotos ins Netz stellen wollen, melden Sie sich zusätzlich bei einer Fotocommunity an.

Übrigens: Da mittlerweile eine Vielzahl von sozialen Netzwerken existiert und die Entscheidung für ein bestimmtes Netzwerk immer schwieriger wird, gibt es Bemühungen, die Communitys untereinander zu vernetzen. Damit können Sie dann auch netzwerkübergreifend mit Mitgliedern anderer Onlinecommunitys kommunizieren. Was geplant ist und wann es so weit ist, erfahren Sie im Abschnitt *So geht es weiter mit Onlinecommunitys* (→ Seite 43).

Soziale Kontakte knüpfen

Den schnellsten und unkompliziertesten Weg, im Internet mitzumachen und mit anderen Nutzern in Kontakt zu treten, bilden soziale Netzwerke. Die Anmeldung dauert nur wenige Minuten, und mit ein paar Klicks ist die eigene Webseite im Internet fertig. Jetzt können Sie mit Freunden Fotos austauschen, eigene Blogbeiträge schreiben und sich mit anderen über gemeinsame Interessen unterhalten.

Marktführer in Deutschland: MySpace

MySpace (www.myspace.com) gehört weltweit zu den Marktführern im Bereich der sozialen Netzwerke. Über 200 Millionen Internetnutzer sind bei MySpace registriert; allein in Deutschland sind es knapp 4 Millionen (Stand: November 2007). Die Anmeldung ist kostenlos und schnell erledigt.

Tipp

Nur mal schnuppern

Mitmachen steht bei Communitys zwar im Vordergrund, es ist aber kein Muss. Sie können auch lediglich als Zuschauer in den Community-Seiten stöbern und Blogs lesen, Fotos betrachten oder Videos herunterladen.

So geht's:

Um Mitglied bei MySpace zu werden und ein eigenes Benutzerprofil anzulegen, gehen Sie folgendermaßen vor.

1. Rufen Sie die Webseite www.myspace.com auf.
2. Klicken Sie in der rechten oberen Ecke auf *Anmelden*.

3. Füllen Sie anschließend das Onlineformular aus. Hier sollten Sie das Kontrollkästchen *Andere können mein Geburtsdatum sehen* ausschalten, damit andere Nutzer nicht sofort Rückschlüsse auf Ihr Alter ziehen können. Besonders Kinder und Jugendliche sollten ihr Alter verbergen, um sich vor Belästigungen zu schützen. Bestätigen Sie die Eingaben per Klick auf die Schaltfläche *Anmelden*.
4. Die Anmeldung bei MySpace ist damit abgeschlossen. Um das eigene Benutzerprofil zu vervollständigen, klicken Sie in der Navigationszeile auf *Mein MySpace*.

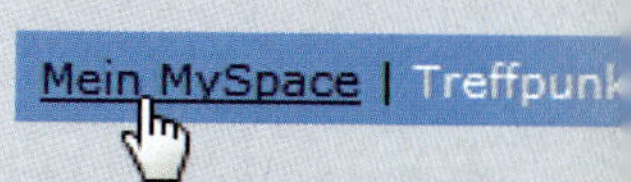

5. Zunächst sollten Sie eine eigene Internetadresse (URL) für Ihren MySpace-Bereich auswählen. Hierzu klicken Sie auf *Wähle deine MySpace-URL aus*. Geben Sie anschließend die gewünschte Bezeichnung für die MySpace-Internetadresse ein – das kann auch

ein Fantasiename sein –, und klicken Sie auf *Übermitteln*.

6. Im nächsten Schritt können Sie Ihren echten Vor- und Nachnamen eingeben. Sie können Ihre echte Identität aber auch verbergen und diesen Schritt mit einem Klick auf *Überspringen* auslassen.

Die Anmeldung bei MySpace ist damit abgeschlossen. Über die gewählte *MySpace-URL* können Sie und alle anderen Internetnutzer Ihre persönliche MySpace-Webseite besuchen und dort Ihr Profil einsehen oder Ihre Blogbeiträge und Fotos betrachten.

Nach der Anmeldung ist Ihr persönlicher MySpace-Bereich über die MySpace-URL (Adresse) für jedermann erreichbar.

Unmittelbar nach der Anmeldung ist das eigene MySpace-Profil noch recht leer. Das lässt sich schnell ändern: Um Ihren Webspeicherplatz attraktiver zu gestalten, können Sie Fotos hochladen, neue Blogbeiträge schreiben oder Ihr Profil ergänzen. Letzteres führt dazu, dass Sie leichter von anderen MySpace-Mitgliedern mit gleichen Interessen gefunden werden.

So geht's:

Gehen Sie folgendermaßen vor, um Ihren noch leeren MySpace-Bereich mit Leben zu füllen:

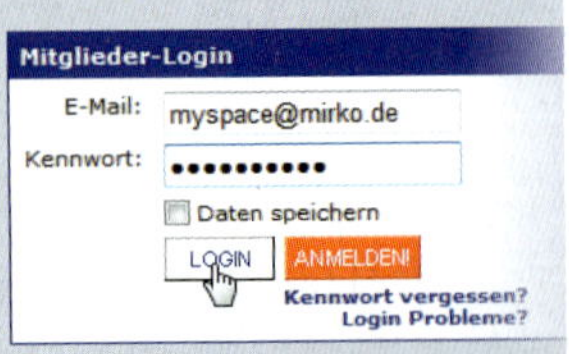

1. Geben Sie auf der Startseite im Bereich *Mitglieder-Login* Ihre E-Mail-Adresse und Ihr MySpace-Passwort an, klicken Sie auf *Login*.

2. Anschließend klicken Sie in der linken Navigationsspalte auf *Profil*. Auf der nächsten Seite können Sie sich kurz vorstellen und persönliche Angaben wie Interessen, Hobbys oder Lieblingsfilme ergänzen.
3. Möchten Sie weitere Daten ergänzen, etwa welche Schulen Sie besucht oder bei welchen Firmen Sie gearbeitet haben, klicken Sie in der oberen Navigationszeile auf die entsprechenden Links, zum Beispiel auf *Hintergrund & Lifestyle*. Dabei gilt: Je mehr Daten Sie über sich preisgeben, desto leichter können andere MySpace-Mitglieder Sie finden. Wenn Sie zum Beispiel die Liste der besuchten Schulen ergänzen, können Sie schneller von ehemaligen Mitschülerinnen und -schülern entdeckt werden.

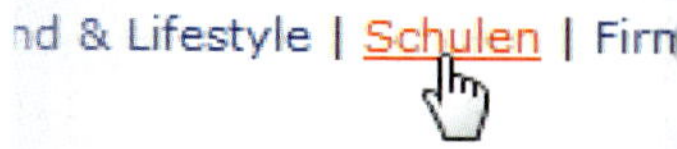

Achtung

Weniger ist mehr.

Beachten Sie beim Ergänzen des Profils: Je mehr persönliche Daten Sie verraten, umso mehr werden Sie zum (gläsernen Menschen). Um die Privatsphäre zu schützen, sollten Sie keine allzu persönlichen oder intimen Informationen verraten. Was einmal im Netz steht, lässt sich – wenn es einmal von Suchmaschinen indiziert wurde – kaum wieder löschen. Falls Sie Bedenken haben, lassen Sie die entsprechenden Eingabefelder einfach leer. Beachten Sie auch die Hinweise im Abschnitt *Zeigt her Eure persönlichen Daten* (→ Seite 21) im Kapitel *Das Internet, ein Mitmachmedium*.

4. Besonders beliebt ist die Möglichkeit, das eigene Profil um Fotos zu ergänzen, etwa Schnappschüsse aus dem letzten Urlaub. Hierzu wechseln Sie zurück in den Bereich *Mein MySpace* und klicken auf *Fotos*.
5. Klicken Sie auf *Fotos hochladen*, und wählen Sie anschließend über die Schaltfläche *Durchsuchen* die gewünschte Bilddatei aus. Per Klick auf *Hochladen* übertragen Sie das Foto in Ihren MySpace-Bereich.

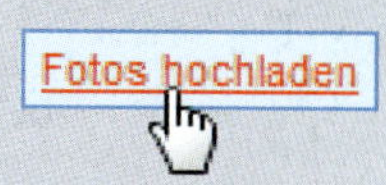

Achtung

Urheberrecht

Da alle hochgeladenen Fotos öffentlich zugänglich sind, dürfen Sie nicht jedes beliebige Bildmaterial hochladen. Unzulässig sind pornografische, gewalttätige oder anstößige Fotos. Auch urheberrechtlich geschützte Bilder oder Fotos von Personen, deren Einverständnis für die Veröffentlichung nicht vorliegt, sind untersagt.

Weitere Informationen über die juristischen Stolperfallen und Wege, wie Sie sie umgehen, finden Sie im Kapitel *Achtung: Juristische Fallstricke* (→ Seite 161).

Im Bereich *Fotos* können Sie beliebig viele Bilder hochladen und Freunden zeigen.

Aufgepasst: Das erste hochgeladene Foto wird gleichzeitig auch Ihr Profilfoto, das auf der „Visitenkarte" Ihres MySpace-Bereichs oben links angezeigt wird. Andere MySpace-Nutzer können Ihre hochgeladenen Fotos über den Link *Anzeigen: Fotos* Ihrer MySpace-Seite betrachten.

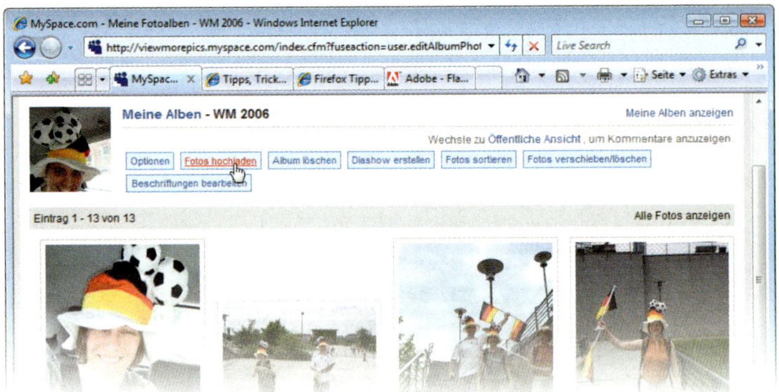

6. Mit der Anmeldung bei MySpace verfügen Sie auch über eine eigene kleine Homepage, die Sie mit Textbeiträgen füllen können. Das können zum Beispiel Erlebnisberichte, Tipps, Kochrezepte oder einfach nur Tagebucheinträge sein – der Fantasie sind hier keine Grenzen gesetzt. Für einen neuen Blogeintrag klicken Sie in Ihrem MySpace-Bereich auf *Blog*.

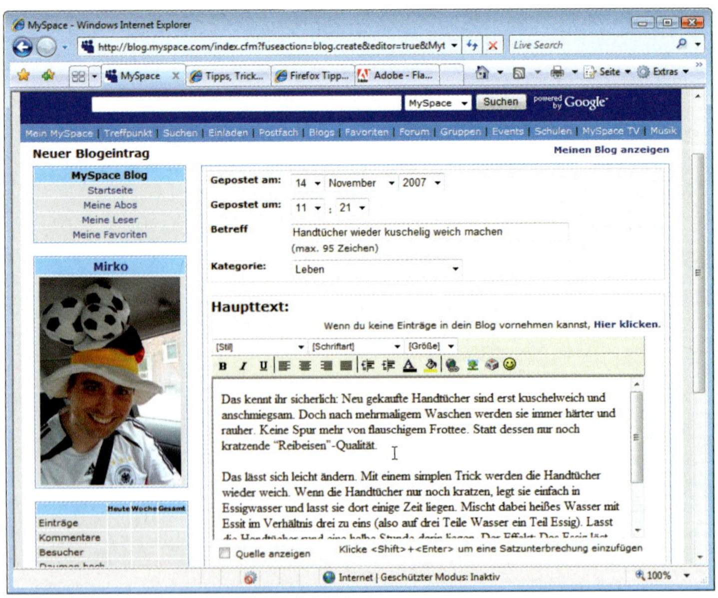

7. Klicken Sie im unteren linken Bereich der Blogübersicht auf *Neuen Eintrag posten*.
8. Anschließend geben Sie – wie bei einem Textverarbeitungsprogramm – den Blogbeitrag ein. Füllen Sie die Felder *Betreff* sowie *Haupttext* aus, wählen Sie eine passende Kategorie, und klicken Sie auf *Vorschau* sowie auf *Blog posten*. Übrigens: Mit Posten ist in der Blogsprache das Schreiben oder Veröffentlichen (Englisch: to post) gemeint. Der neue Blogbeitrag ist ab sofort für jedermann im Web sichtbar.

Knapp vier Millionen Internetnutzer sind in Deutschland bei MySpace angemeldet. Damit stehen die Chancen gut, andere Mitglieder mit gleichen Interessen oder aus der Umgebung zu finden, sei es zum Austauschen von Tipps und Tricks, zum Plausch oder zum Flirten.

Nutzer mit bestimmten Profildaten, etwa alle nicht rauchenden Singles im Alter zwischen 35 und 45 Jahren im Umkreis von zehn Kilometern, lassen sich über den Link *Treffpunkt* finden.

Verfeinern Sie hier Ihre Suchkriterien, und lassen Sie sich mit der Schaltfläche *Aktualisieren* alle passenden MySpace-Mitglieder auflisten.

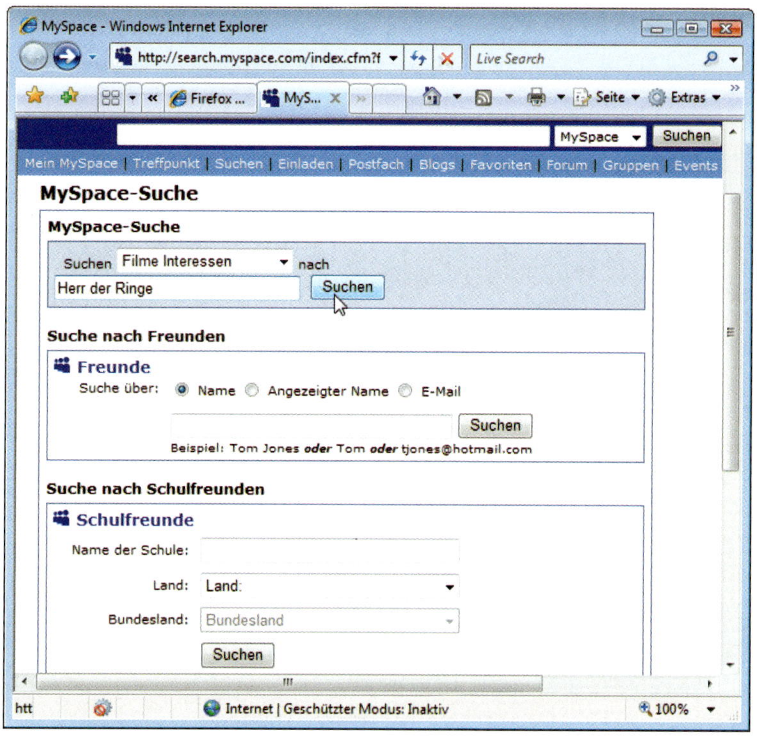

Mit Hilfe der Suchmaske finden Sie gezielt Mitglieder mit gleichen Interessengebieten, die eine bestimmte Schule besucht haben oder in einem speziellen MySpace-Netzwerk engagiert sind.

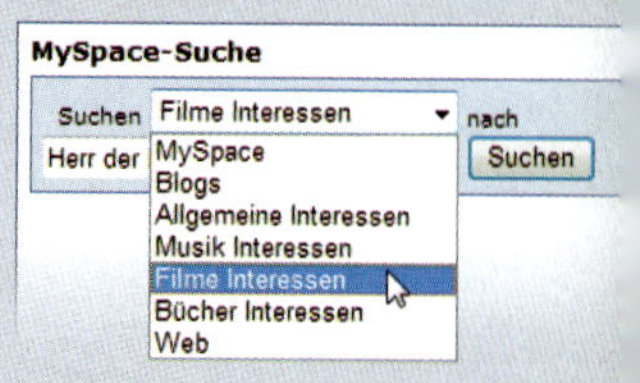

Über den Link *Suchen* finden Sie ganz gezielt einzelne Mitglieder. Über das Listenfeld *Suchen* wählen Sie das Interessengebiet aus, zum Beispiel *Filme*, und tragen anschließend den Suchbegriff ein: Für alle Fans von Tolkiens Fantasytrilogie zum Beispiel „Herr der Ringe“. Als Ergebnis erhalten Sie eine Liste aller Mitglieder, die ebenfalls die Herr-der-Ringe-Trilogie als Lieblingsfilm in ihr MySpace-Profil eingetragen haben. In weiteren Feldern können Sie ganz gezielt nach MySpace-Namen, nach Schulen oder Netzwerkmitgliedschaften suchen.

Lebhafte Diskussionen finden Sie im Bereich *Forum*. Foren sind Diskussionsgruppen zu bestimmten Themengebieten, etwa Sport, Universitäten, Urlaubsländer oder Politik.

Tipp

Foren außerhalb der Communitys

Diskussionsforen gibt es nicht nur in den sozialen Netzwerken. Oft finden Sie im Internet separate Spezialseiten und -foren, die noch besser besucht sind als die Foren innerhalb der Communitys. Hier eine kleine Auswahl:

Thema/Hobby	Adresse
Auto allgemein	www.motor-talk.de
Bücher und Literatur	www.literaturcafe.de/forum
Computerprobleme	www.pcwelt.de/forum
Essen und Trinken	www.chefkoch.de/forum
Fotografieren	www.dslr-forum.de
Haus und Garten	www.hausgarten.net/gartenforum
Haustiere	www.haustiere.de/forum
Hi-Fi und Elektronik	www.hifi-forum.de
Musik und Instrumente	www.musiker-board.de forum.laut.de (ohne „www.“)
Politik	www.politikforum.de

Falls Sie auf der Suche nach einem Forum zu einem ganz bestimmten Thema sind, schauen Sie auf der Internetseite www.forum-finden.de nach. Hier können Sie in das Suchfeld ein Stichwort eingeben – etwa „Computer“ – und erhalten eine Übersicht passender Foren.

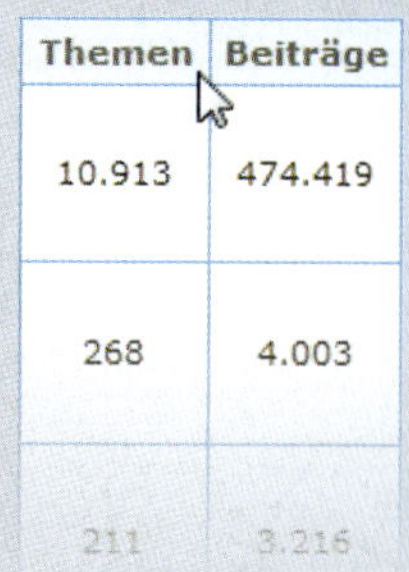

Auf der Übersichtsseite erkennen Sie in den Spalten *Themen* und *Beiträge*, über wie viele Themen in dieser Gruppe derzeit diskutiert wird und wie viele Wortbeiträge schon geschrieben wurden.

Per Mausklick auf die Forennamen gelangen Sie in die jeweiligen Unterforen des übergeordneten Themas, etwa *Elektronik* im Bereich *Computer und Technologie*. Über die Schaltfläche *Antworten* und *Neues Thema erstellen* können Sie jederzeit selbst mitreden oder eine neues Thema beginnen.

Neben Foren mit festgelegten Themen gibt es in MySpace Gruppen, die von MySpace-Mitgliedern ins Leben gerufen wurden und von ihnen gepflegt werden.

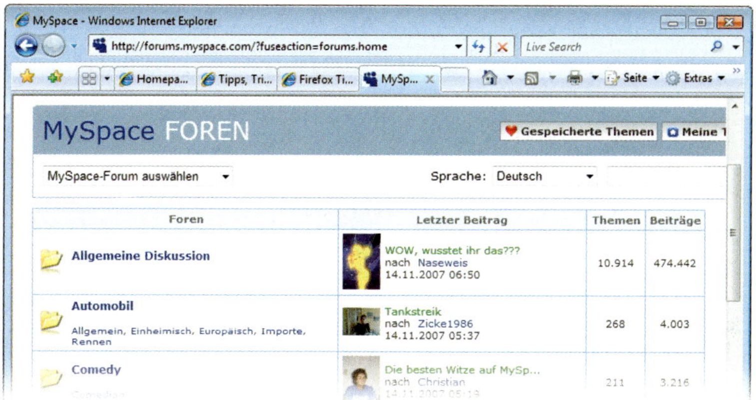

In Foren unterhalten sich MySpace-Mitglieder über die unterschiedlichsten Themen.

Gruppen funktionieren wie virtuelle Clubs oder Vereine, in denen MySpace-Mitglieder mit gleichen Interessen zusammengefasst sind. Viele Motorradfans sind beispielsweise in der Gruppe *Auto | Motorradtreff* zu finden. Eine Übersicht aller Gruppen erreichen Sie über den Link *Gruppen* in der Navigationszeile.

In den MySpace-Gruppen treffen sich Mitglieder mit gleichen Interessen, etwa PC-Spieler.

Geschäftspartner finden

Während sich in Communitys wie MySpace vornehmlich Jugendliche tummeln, geht es in Businesscommunitys um Karriere und Beruf. In der erfolgreichsten – Xing (www.xing.com) – sind vor allem Unternehmer, Freiberufler und Arbeitnehmer registriert.

Hier geht es in erster Linie darum, Kontakte zu anderen Geschäftspartnern herzustellen, Ansprechpartner in Unternehmen zu finden, Experten für bestimmte Aufträge ausfindig zu machen, neue Vertriebswege zu erschließen oder das eigene Fachwissen anzubieten. Wenn Sie beispielsweise Experten für deutsch-polnische Übersetzungen suchen, werden Sie bei Businessnetzwerken wie Xing schnell fündig.

Die Xing-Mitglieder sind untereinander vernetzt. In der Fachsprache wird die geschäftliche Kontaktanbahnung über Businesscommunitys daher auch Networking genannt.

Neben den direkten Kontakten – etwa Mitarbeitern, Freunden und Studienkollegen – führt Xing auch die Kontakte zweiten und dritten Grades auf. Das sind die Kontakte Ihrer Kontakte und deren Kontakte. Auch wenn Sie nur eine Handvoll direkte Kontakte eingetragen haben, kann Ihr persönliches Netzwerk nach dem Motto „Ich kenne jemanden, der jemanden kennt …“ rasch mehrere Hunderttausend Kontakte umfassen.

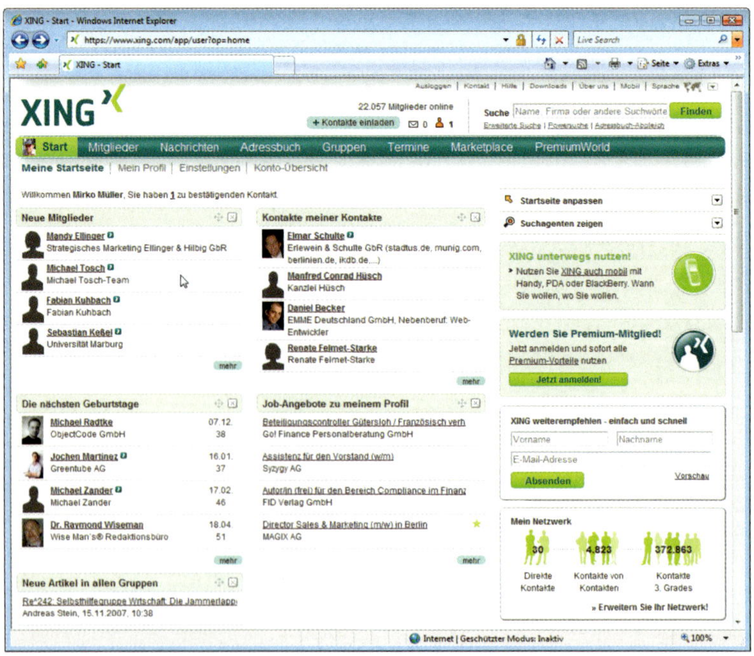

Im Businessnetzwerk Xing werden vor allem Geschäftskontakte geknüpft.

So geht's:

Um bei Xing eine eigene Businessvisitenkarte zu hinterlegen und mit anderen Geschäftspartnern in Kontakt zu treten, gehen Sie folgendermaßen vor:

1. Für die Anmeldung rufen Sie die Webseite www.xing.com auf und klicken auf *Jetzt kostenlos anmelden*. Folgen Sie den Anweisungen des Assistenten, um die Anmeldung abzuschließen.
   Xing ist in der Grundversion kostenlos; wer besondere Zusatzdienste nutzen möchte, kann für knapp sechs Euro pro Monat Premiummitglied werden. Die kostenlose Grundvariante reicht in den meisten Fällen aber aus.
2. Nach der Anmeldung sollten Sie zunächst im Bereich *Mein Profil* Ihre Businessdaten ergänzen. Beschreiben Sie hier zum Beispiel, welche Fachkenntnisse Sie anbieten, welche Dienstleistungen Sie suchen oder über welche Berufserfahrung Sie verfügen.

Im Bereich *Profil* ergänzen Sie Ihre persönlichen Daten wie den beruflichen Werdegang. Das Profil ist Ihre Visitenkarte im Businessnetzwerk.

3. Zum Aufbau eines eigenen Netzwerks fügen Sie Ihrer Kontaktliste Personen hinzu. Falls die Person noch kein Xing-Mitglied ist, klicken Sie auf *Kontakte einladen*, geben den Namen und die E-Mail-

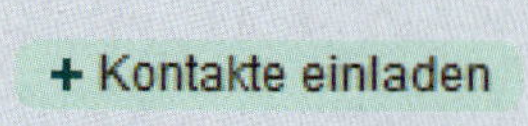

Adresse des Kontakts ein und klicken dann auf *Absenden*. Damit verschicken Sie per E-Mail eine Einladung an den Kontakt. Sofern der Empfänger die Einladung annimmt und sich ebenfalls bei Xing anmeldet, taucht er in Ihrer Kontaktliste auf.

Alternativ können Sie über die Schaltfläche *Mitglieder* auch die Liste aller Xing-Mitglieder durchsuchen. Geben Sie hier zum Beispiel ein Stichwort, Vor- und Nachname oder den Namen der besuchten Schule ein, und klicken Sie auf *Finden*. Über die Schaltfläche *Als Kontakt hinzufügen* nehmen Sie das Mitglied in Ihre Kontaktliste auf.

4. Um die Privatsphäre zu schützen, stellt Xing zunächst eine Kontaktanfrage. Erst wenn die Anfrage vom jeweiligen Mitglied bestätig wird, taucht der Kontakt in Ihrer Liste auf.

Wenn Sie selbst eine Kontaktanfrage erhalten, erscheint in der Statuszeile am oberen Rand ein kleines rotes Personensymbol. Klicken Sie hierauf, um die Kontaktanfrage einzublenden. Sie können die Anfrage anschließend bestätigen oder ablehnen. Eine Liste aller bestätigen Kontakte erhalten Sie, wenn Sie auf *Mein Profil* und anschließend auf *Bestätigte Kontakte* klicken.

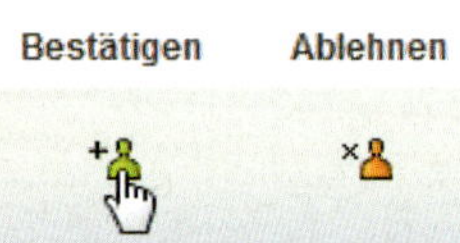

Alte Schulkameraden treffen

Nach der Schule geht man oft getrennte Wege. Alte Freunde und Schulkameraden sind schnell aus den Augen verloren. Das Internet führt die Freunde aus der Schulzeit wieder zusammen. Hier gibt es Angebote, die sich darauf spezialisiert haben, Schulfreunde wiederzufinden. Sehr erfolgreich sind dabei die Webseiten www.stayfriends.de (zu Deutsch: Freunde bleiben) und www.passado.de.

Das Prinzip der beiden Angebote ist einfach: Jeder kann sich hier anmelden und angeben, wann er welche Schule(n) besucht hat. Die Anmeldung ist kostenlos und direkt von der Startseite aus möglich. Je mehr sich anmelden, umso größer ist die Chance, die Schulfreunde von damals wiederzufinden.

Fast jede Schule Deutschlands ist aufgeführt. Knapp sieben Millionen ehemalige Schüler sind bereits bei StayFriends registriert, knapp vier Millionen sind es bei Passado. Die Chancen, ehemalige Schulkameraden zu finden und vielleicht ein neues Klassentreffen zu organisieren, sind damit sehr groß. Per Mausklick können Sie sich jetzt vom Bundesland über die Stadt bis zu Ihrer „alten“ Schule durchklicken … und dort nachschauen, wer sich bereits aus Ihrem Abgangsjahr eingetragen hat.

Wo sind Sie zur Schule gegangen?

Bundesland	Klassentreffen	Einträge	Schulen
Baden-Württemberg	243	710.897	7.587
Bayern	238	663.151	7.897
Berlin	739	677.051	3.146

Mit Freunde-Suchmaschinen wie www.stayfriends.de und www.passado.de finden Sie Ihre alten Schulfreunde wieder oder organisieren Klassentreffen.

Der Club der Studierenden

Für alle Studierenden gibt es im Web das Studentenverzeichnis, kurz StudiVZ. Die Community ist genau auf die Bedürfnisse von Studenten zugeschnitten, kann aber auch von Nicht-Studierenden genutzt werden. Bei der kostenlosen Registrierung – bei StudiVZ treffend Immatrikulation genannt – müssen Sie neben Name und E-Mail-Adresse die Hochschule eintragen, an der Sie zurzeit studieren. Damit haben Sie automatisch einen direkten Draht zu Ihren Kommilitonen.

Nach der Anmeldung legen Sie ein individuelles Profil in den Kategorien *Student*, *Alumni*, *Abiturient* oder *Hochschulmitarbeiter* an und können sich anschließend mit Freunden und Kommilitonen vernetzen, Informationen austauschen oder miteinander plaudern. Studenten lassen sich hier ganz leicht über die in den Profilen hinterlegten Interessen und Lehrveranstaltungen finden.

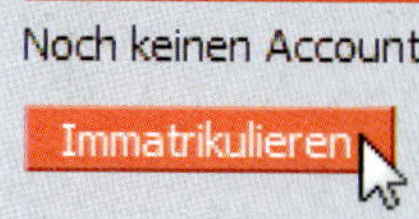

Alle Vernetzungen zwischen den Mitgliedern – etwa über gemeinsame besuchte Seminare – werden vom System automatisch angezeigt. Über das sogenannte Fototagging lassen sich einzelne Personen auf hochgeladenen Fotos zudem mit deren Benutzerprofilen verknüpfen.

Übrigens: Von StudiVZ gibt es einen Ableger für Schüler. Unter www.schuelervz.net finden Schülerinnen und Schüler ein nahezu

Beim Studentenverzeichnis StudiVZ sind knapp vier Millionen Mitglieder – vornehmlich Studenten – registriert.

identisches Angebot. Hier sind knapp 1,6 Millionen Lernende angemeldet.

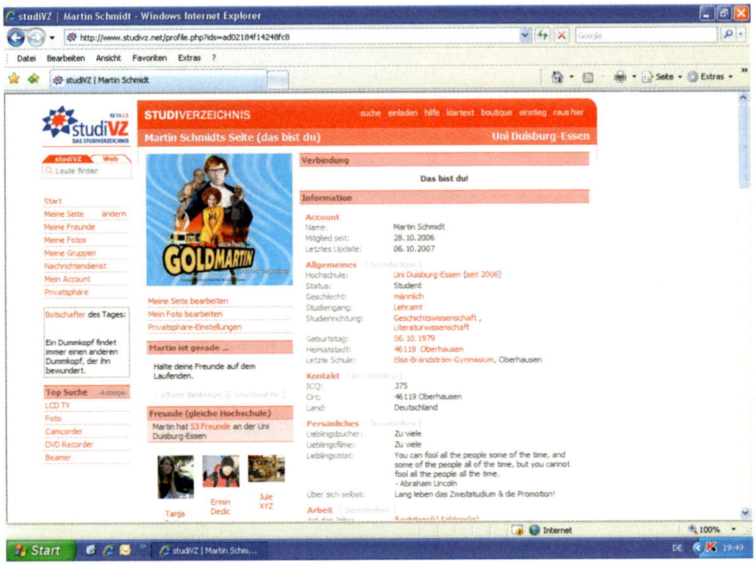

Diese Communitys sollten Sie auch kennen

Neben den genannten Communitys gibt es weitere interessante Onlinetreffpunkte:

- **T-Community**

  www.t-community.com

  Eine optisch ansprechend gestaltete Onlinecommunity mit Standardfunktionen zum Schreiben eigener Blogbeiträge, Chatten, Fotos hochladen und Flirten.

- **UndDu**

  www.unddu.de

  Jedes Mitglied erhält bei der Onlinecommunity UndDu eine eigene Internetadresse in der Form meinname.unddu.de. Hier können Sie eigene Fotos, Videos und Blogbeiträge veröffentlichen. Über die Suchfunktionen lassen sich rasch Freunde und Bekannte aus der Umgebung oder mit gleichen Interessensgebieten finden.

- **Lycos iQ**

  iq.lycos.de (ohne „www.“)

  Wer nicht fragt, bleibt dumm. Das ist das Motto sogenannter Wissenscommunitys wie Lycos iQ. Hier können Sie Fragen aus dem täglichen Leben stellen und erhalten meist auch gleich kompetente Antworten. Im Gegenzug beantworten Sie die Fragen anderer Nutzer. Ein Punktesystem sorgt für hohe Motivation und eine gleichbleibend hohe Qualität der Fragen und Antworten. Jeder Beitrag kann von anderen Mitgliedern bewertet werden. Gute Fragen und Antworten werden mit Bonuspunkten belohnt.

In der Community Lycos iQ dreht sich alles um alltägliche Fragen. Das Besondere dabei: Alle Fragen werden von den Community-Mitgliedern beantwortet – meist kompetent und innerhalb weniger Stunden.

So geht es weiter mit Onlinecommunitys

Mehrere Dutzend Onlinecommunitys mit jeweils mehreren Hunderttausend oder Millionen Mitgliedern gibt es bereits im Internet. Da ist es nicht immer einfach, den Überblick zu behalten. Freunde und Bekannte sind mal in der einen, mal in der anderen Community angemeldet. Ein Austauschen zwischen den Communitys ist bislang kaum oder nur sehr mühsam möglich.

Das soll sich mit der Initiative OpenSocial ändern. Das von der Suchmaschine Google ins Leben gerufene „Über-Netzwerk" soll möglichst viele kleine Netzwerke untereinander verbinden. Über standardisierte Schnittstellen sollen die Communitys auf die Daten der teilnehmenden Netzwerke zugreifen. Mitglieder von Xing sind dann beispielsweise direkt mit MySpace-Nutzern verbunden.

Zurzeit ist das Über-Netzwerk aber noch Zukunftsmusik. Das OpenSocial-Projekt steckt erst in den Kinderschuhen (Stand: November 2007). Zwar bietet Google bereits eine Schnittstelle für Programmierer, mit fertigen Lösungen ist aber frühestens Mitte/Ende 2008 zu rechnen. Ausführliche Informationen über das OpenSocial-Projekt von Google gibt es auf der Webseite code.google.com/apis/opensocial (ohne „www.").

Onlinezeitungen mitgestalten

Auch Nachrichten werden im Internet von den Lesern gemacht. Es gibt eine Reihe von Webzeitungen, die von den Lesern selbst geschrieben werden. Angebote wie Opinio (www.opinio.de) und MyHeimat (www.myheimat.de) sind Onlinemagazine von Lesern für Leser. Zwar erreicht die Qualität der Artikel selten das Niveau professioneller Nachrichtenagenturen und Redaktionen, dafür sind die Leserbeiträge oft flott geschrieben und nah am Geschehen.

Nicht nur lesen, sondern selbst mitschreiben: Das ist das Prinzip der Bürgerzeitungen wie Opinio. Hier schreiben Leser für Leser.

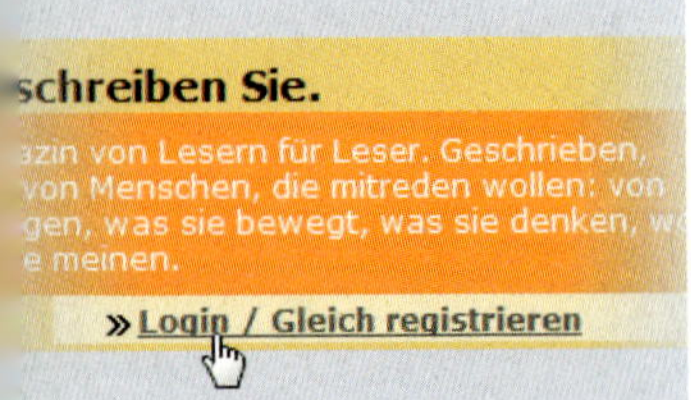

Das Mitmachen bei Lesermagazinen ist einfach: Über den Link *Login/Registrieren* legen Sie in wenigen Minuten Ihr Autorenkonto an. Jetzt können Sie Ihre eigenen Berichte, Geschichten und Fotos veröffentlichen. Die Artikel werden allerdings nicht sofort online gestellt, sondern zunächst von der Onlineredaktion geprüft. Das verhindert Missbrauch und sorgt für eine gleichbleibende Qualität. Bei Opinio (www.

opinio.de) werden besonders spannende, unterhaltsame und interessante Artikel sogar in der Printausgabe der Tageszeitung *Rheinische Post* veröffentlicht.

Fotos veröffentlichen

In vielen Haushalten gehören Digitalkameras bereits zur Standardausrüstung. So eine Digitalkamera hat viele Vorzüge: kein Gang zum Fotolabor, kein Entwickeln des Films. Die Fotos sind sofort fertig und in wenigen Augenblicken als Datei auf dem PC. Damit ist der Weg frei für eine digitale Diashow auf dem Monitor oder Fernseher. Viel spannender ist es allerdings, wenn die eigenen Fotos im Internet zu sehen sind. Für Freunde, Familie oder einfach jedermann.

Info

Die richtige Digitalkamera

Das Veröffentlichen eigener Fotos im Internet macht nur mit einer Digitalkamera richtig Spaß. Der Kauf der richtigen Kamera ist oft aber gar nicht so einfach. Im Ladengeschäft stellt sich oft die Frage nach Megapixeln, Zoombereich und Automatik. Auch das Fotografieren mit Digitalkameras will gelernt sein. Wie Schnappschüsse am besten gelingen und welche Kamera für Sie die ideale ist, erfahren Sie zum Beispiel im Sonderheft *test SPEZIAL „Digitalkameras“* (November 2007) und online bei www.test.de im Menü *Specials* in der Rubrik *Bild und Ton*.

Technische Kenntnisse über Bildformate, Bildbearbeitung oder gar Webseitenprogrammierung sind für die Veröffentlichung im Internet nicht notwendig. Diese Arbeit nehmen Ihnen Bilderdienste ab, die für Sie sogar Bilder verkleinern und katalogisieren.

So geht's:

Das Veröffentlichen eigener Fotos im Internet ist einfach. Wir zeigen das hier am Beispiel des kostenlosen Bilderdienstes Flickr (www.flickr.de), einer der größten und beliebtesten Bilderplattformen im Netz. Flickr lässt in Sachen Bilderverwaltung und -veröffentlichung kaum Wünsche offen. Gehen Sie folgendermaßen vor, um Flickr zu nutzen:

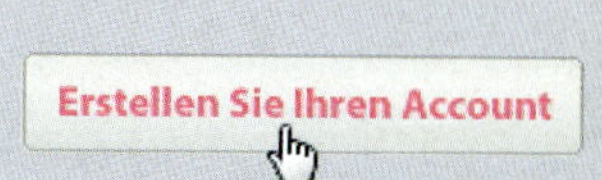

1. Zunächst müssen Sie sich bei Flickr kostenlos registrieren. Hierzu rufen Sie die Webseite www.flickr.de auf und klicken auf *Erstellen Sie Ihren Account*.
   Auf der folgenden Seite können Sie sich mit Ihrer Yahoo!-ID an-

melden – falls vorhanden – oder über den Link *Registrieren* ein neues Flickr-Benutzerkonto anlegen.

2. Sobald die Anmeldung abgeschlossen ist, können Sie gleich loslegen und Ihre eigenen Fotos veröffentlichen. Im persönlichen Flickr-Bereich klicken Sie auf *Fotos hochladen*, um beliebig viele Bilder von der eigenen Festplatte auf die Flickr-Server hochzuladen. Ohne schnelle DSL-Verbindung kann das allerdings eine sehr langweilige Angelegenheit werden.
Praktisch: Beim Hochladen können Sie in der Zeile *Tags zu allen diesen Bildern hinzufügen* Stichwörter vergeben, damit Sie und die anderen Betrachter die Bilder später besser auseinanderhalten können. Sinnvolle Stichwörter wären zum Beispiel *Urlaub 2008, Nachwuchs, Garten, Auto, Freunde* oder *Familie* – je nach Thema. Wenn Sie Ihre Bilder auch englischsprachigen Besuchern zur Verfügung stellen möchten, empfiehlt sich die Eingabe englischer Stichwörter. Sie können auch deutsche und englische Stichwörter kombinieren.
Ganz wichtig: Im Bereich *Datenschutzeinstellungen auswählen* legen Sie fest, wer die hochgeladenen Bilder sehen darf. Damit die Bilder für jedermann sichtbar sind, wählen Sie *Öffentlich*. Mit den Optionen *Freunde* und *Familie* schränken Sie den Zugriff zum Beispiel auf Familie oder Freunde ein, die hierzu aber selbst einen Flickr-Account haben müssen.

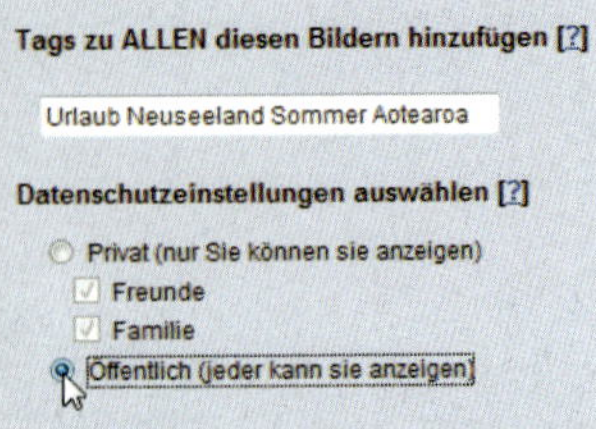

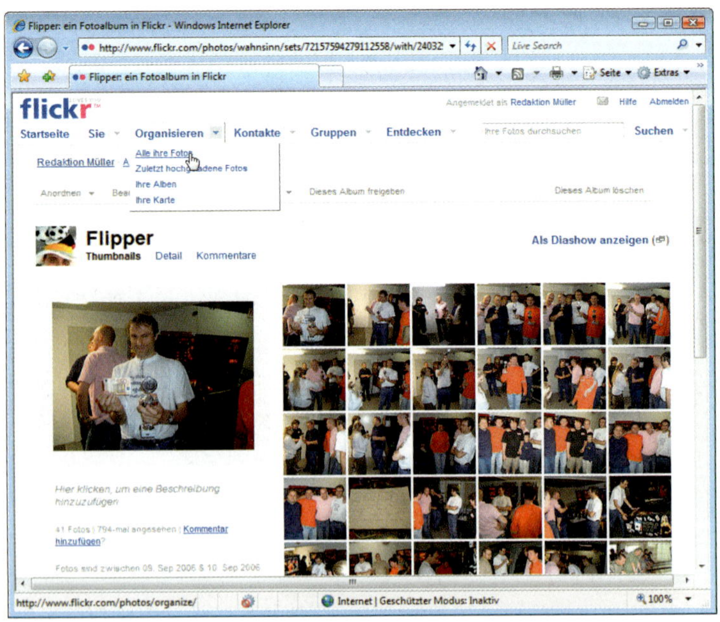

Mit Bilderdiensten wie Flickr zeigen Sie Ihre Fotos Familie, Freunden und Bekannten.

3. Nach dem Hochladen finden Sie die Bilder im Bereich *Ihre Fotos*. Dort können Sie sich alle Fotos auch nach *Tags* (Stichwörtern) sortiert anzeigen lassen.
4. Um die Fotos Freunden und Bekannten vorzuführen, müssen Sie nur die Webadresse Ihres Fotobereichs weitergeben. Hierzu lassen Sie zunächst im Bereich *Ihre Fotos* die Bilder anzeigen, die Sie auch Freunden zeigen möchten. Kopieren Sie anschließend aus der Adresszeile des Browsers die Internetadresse und schicken Sie sie zum Beispiel per Mail an Ihre Freunde – die können dann über die Webadresse Ihre Fotos begutachten.

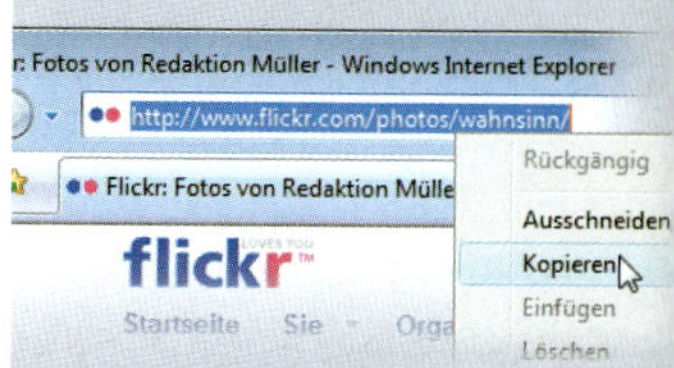

Neben Flickr gibt es gute Alternativen. Das Angebot der Fotocommunity (www.fotocommunity.de) bietet ebenfalls die Möglichkeit, eigene Fotos hochzuladen und darüber zu diskutieren. Die Bedienung und das Hochladen sind zwar nicht so simpel wie bei Flickr, dafür finden Sie hier eine lebhafte Gemeinschaft engagierter Fotografen. Oft finden Fotowettbewerbe statt, oder man trifft sich zum lockeren Plausch übers Fotografieren.

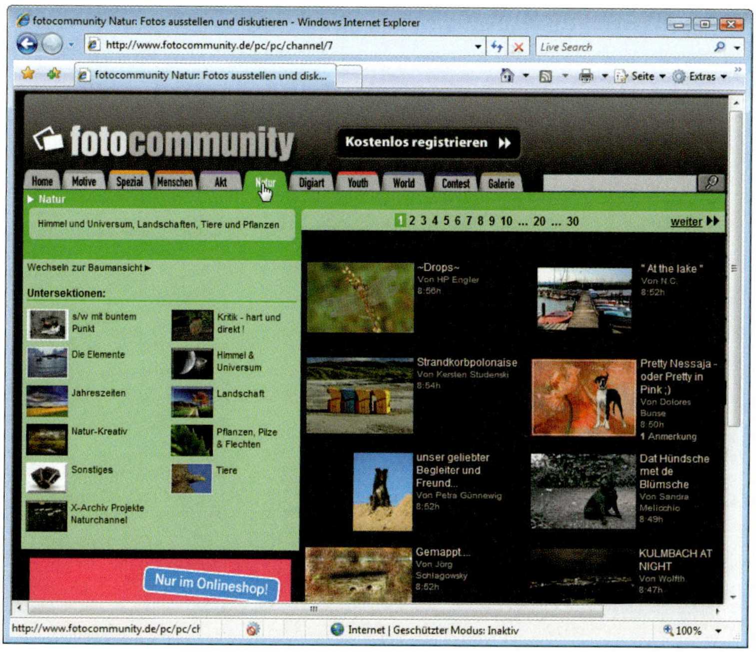

In der Fotocommunity finden Sie viele hochwertige Fotos und können auch Ihre eigenen Bilder zur Schau stellen.

Einen ähnlichen Weg geht die Fotocommunity der Zeitschrift *VIEW* (view.stern.de, ohne „www."), einem Ableger des Magazins *Stern*. Auch hier können Sie Ihre eigenen Fotos hochladen und mit anderen

View-Anwendern darüber diskutieren. Das Besondere daran: Einmal im Monat veröffentlicht die Webseite ausgewählte Fotos in gedruckter Form in der Zeitschrift *View – Die Bilder des Monats*. Vielleicht ist Ihr Foto in der nächsten Ausgabe ja schon mit dabei. Zwar gibt es für eine Veröffentlichung kein Honorar, dafür werden die besten Fotos aber im Rahmen eines Gewinnspiels mit Preisen wie Reisen oder Elektronikgeräten belohnt.

Achtung

Kopien eigener Bilder

Bedenken Sie, dass Ihre Texte und Bilder, die öffentlich im Internet stehen, von anderen Nutzern jederzeit kopiert und zweckentfremdet werden können. Es sind schon vereinzelt Fälle bekannt geworden, wo User in einem Bilderforum geklaute Fotos als ihre eigenen ausgegeben haben, um sich mit fremden Federn zu schmücken. Und ob jemand mit Ihren Kurzgeschichten oder Fotos irgendwo auf der Welt sogar Geld verdient, können Sie in den seltensten Fällen nachverfolgen.

Achten Sie im Gegenzug darauf, dass die hochgeladenen Fotos frei von Rechten Dritter sind. Im Kapitel *Achtung: Juristische Fallstricke* (→Seite 161) erfahren Sie ausführlich, auf was Sie beim Veröffentlichen achten müssen.

Videos ins Netz stellen

Wenn Sie eine digitale Videokamera besitzen, können Sie auch selbst gedrehte Videos im Internet veröffentlichen. Möglich machen das Videocommunitys wie YouTube (www.youtube.de) und MyVideo (www.myvideo.de). Alle hochgeladenen Videodateien sind über die Startseite der Communitys weltweit für jedermann sichtbar. Die Filme können von anderen Community-Mitgliedern bewertet und kommentiert werden.

So geht's:

Um eigene Videodateien bei YouTube, der weltweit erfolgreichsten Videocommunity, zu präsentieren, sind folgende Schritte notwendig:

1. Rufen Sie die Internetseite www.youtube.de auf. Zunächst müssen Sie ein kostenloses Benutzerkonto anlegen. Klicken Sie hierzu im Feld *Anmelden* auf *Neues Konto*.
2. Sobald die Anmeldung abgeschlossen ist, können Sie beliebig viele Videodateien hochladen. Hierzu klicken Sie in Ihrem persönlichen YouTube-Bereich auf *Mein Konto* und dann auf *Neues Video*

hochladen. Die Videodatei darf maximal 100 MB groß und zehn Minuten lang sein.

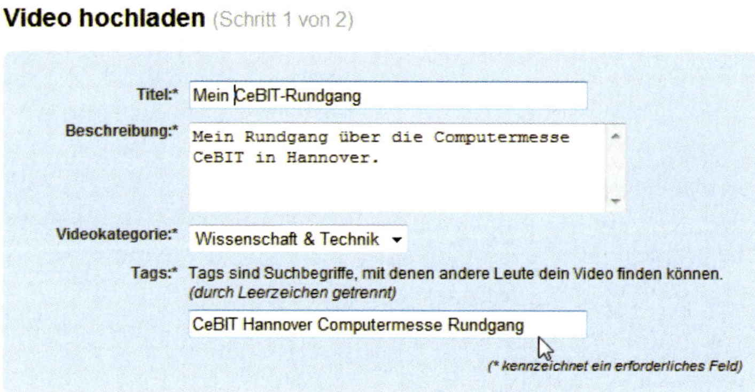

3. Auf der nächsten Seite geben Sie den Titel sowie eine Kurzbeschreibung des Films ein. Wählen Sie anschließend eine Videokategorie, und tragen Sie in die Zeile *Tags* einzelne Stichwörter ein, über die andere YouTube-Nutzer den Film leichter finden können.
4. Im Feld *Broadcast-Optionen* bestimmen Sie, ob die Videodatei von allen Internetnutzern oder nur von bestimmten YouTube-Mitgliedern betrachtet werden darf.

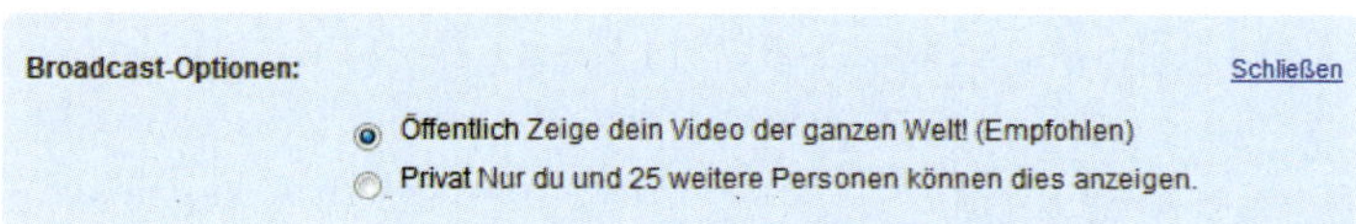

5. Auf Wunsch können Sie im Feld *Optionen für Datum und Karte* das Aufnahmedatum sowie den Aufnahmeort ergänzen.

6. Legen Sie im Feld *Freigabeoptionen* fest, ob andere YouTube-Nutzer Ihr Video bewerten, kommentieren oder in andere Webseiten einbetten dürfen.
7. Klicken Sie auf *Video hochladen*, und wählen Sie anschließend über die Schaltfläche *Durchsuchen* die gewünschte Videodatei aus. Mit einem Klick auf *Video hochladen* wird die Filmdatei von Ihrer Festplatte auf die YouTube-Server übertragen. Das kann je nach Filmlänge mehrere Minuten bis Stunden dauern. Im Schnitt dauert die Übertragung pro Megabyte zwischen einer und fünf Minuten.

Achtung

Urheberrecht

Beim Veröffentlichen eigener Filme auf Videoportalen müssen Sie das Urheberrecht beachten. Kommerzielle Inhalte wie Mitschnitte von Spielfilmen, Musicals, Konzerten, Werbespots oder TV-Sendungen sind urheberrechtlich geschützt und dürfen nur mit Genehmigung der Rechteinhaber hochgeladen werden. Vorsicht ist auch bei privaten Filmaufnahmen angebracht. Die Aufnahmen von Personen dürfen nur veröffentlicht werden, wenn Sie deren Einverständnis eingeholt haben. Ausführliche Informationen über die Stolperfallen beim Veröffentlichen von Videomaterial im Internet finden Sie im Kapitel *Achtung: Juristische Fallstricke* (→Seite 161).

Sobald der Ladevorgang abgeschlossen ist, finden Sie Ihre Videodatei im Bereich *Mein Konto* unter *Meine Videos*. Über die Suchfunktion auf der Startseite von YouTube ist das Video – sofern Sie es beim Hochladen als *öffentlich* gekennzeichnet haben – weltweit für jedermann sichtbar.

Neben YouTube gibt es weitere Videoportale, über die Sie eigene Videos veröffentlichen und Communityfunktionen wie Bewertungen, Kommentare und Freundeslisten nutzen können. Zu den interessantesten Alternativen gehören:

- MyVideo (www.myvideo.de)
- Sevenload (www.sevenload.de)
- Yahoo Video (de.video.yahoo.com, ohne „www.“)
- Clipfish (www.clipfish.de)

Kapitel 3

Blogs: Mitmachen im Internet

Blogs: Mitmachen im Internet

Wer möglichst schnell und unkompliziert im Web präsent sein möchte, setzt heute in der Regel auf Blogs. Das sind mehr oder weniger fertig gestaltete Webseiten, die nur noch mit Inhalt gefüttert werden müssen. Bloggen funktioniert wie bei einem Tagebuch – und ist genau so einfach. Text schreiben, abschicken, und schon sind der Erlebnisbericht, die spannende Kurzgeschichte oder das neueste Backrezept online. In diesem Kapitel erfahren Sie, wie Sie schnell und einfach Ihr eigenes Blog einrichten und Ihre ersten Texte veröffentlichen.

Was ist eigentlich ein Blog?

Blogs gibt es schon lange. Bereits 1997 tauchten die ersten Weblogs (zu Deutsch: Internettagebücher) im Web auf. Zwei Jahre später wurde aus *Weblog* die Kurzform *Blog*. Mit digitalen Tagebüchern haben Blogs heute aber kaum noch etwas gemein. Waren Blogs zu Beginn tatsächlich reine Onlinetagebücher, in denen Internetnutzer öffentlich ihre Erlebnisse niederschrieben, bieten Blogs heute mehr.

Bildblog, eines der beliebtesten deutschsprachigen Blogs, setzt sich kritisch mit den Schlagzeilen der *Bild*-Zeitung auseinander.

Moderne Blogs sind Informationsportale, die täglich über populäre Themen aus den Bereichen Technik, Medien, Kultur, Unterhaltung oder Politik berichten. Wichtigster Unterschied zu klassischen Nachrichtenangeboten: Die Beiträge werden in der Regel nicht von professionellen Journalisten verfasst, sondern von ganz gewöhnlichen Internetusern. Das verleiht Blogs oft einen rebellischen Charakter. So setzen sich die Autoren des Bildblogs (www.bildblog.de) täglich mit den Schlagzeilen der Boulevardzeitung *Bild* auseinander und decken Recherchefehler und falsche Tatsachenbehauptungen auf. Das Bildblog gehört zu den populärsten und am häufigsten besuchten Blogs in Deutschland.

Wie viele Blogseiten es gibt, kann niemand genau sagen. Allein in Deutschland gibt es nach Erhebungen des Onlinedienstes Blogcensus (www.blogcensus.de) knapp 200 000 Blogs, weltweit sind es mehrere Millionen. Allerdings wird nicht jedes Blog mit der gleichen Intensität gepflegt. Viele Blogautoren – auch Blogger genannt – berichten im täglichen Rhythmus oder sogar mehrmals täglich über aktuelle Ereignisse und Erlebnisse oder geben Tipps zu den unterschiedlichsten Themen. Generell gilt: Je regelmäßiger ein Blog mit neuem Inhalt gefüllt wird, umso häufiger wird es von anderen Internetusern gelesen. Gut gepflegte Blogs tauchen bei Suchmaschinen wie Google und Yahoo! auch häufiger in den Toppositionen der Suchergebnisse auf. Welche Blogs zurzeit in Deutschland am populärsten sind, erfahren Sie auf der Webseite „Deutsche Blogcharts" (www.deutscheblogcharts.de). Hier gibt es eine wöchentlich aktualisierte Liste der 100 beliebtesten deutschen Blogs. Besonders beliebt sind hier folgende Blogs:

- **Basic Thinking**
  www.basicthinking.de/blog
  Im Basic-Thinking-Blog berichtet der Autor Robert Basic in unterhaltsamer Form über Themen des täglichen Lebens.
- **Bildblog**
  www.bildblog.de
  Das Bildblog setzt sich kritisch mit den Schlagzeilen und Inhalten der Boulevardzeitung auseinander.
- **Stefan Niggemeier**
  www.stefan-niggemeier.de/blog
  Im Blog des Medienjournalisten Stefan Niggemeier dreht sich alle um die deutsche Medienlandschaft. Niggemeier zeigt tagesaktuell auf, was in seinen Augen schiefläuft in den deutschen Medien.
- **Law Blog**
  www.lawblog.de

Udo Vetter berichtet im Law Blog auf unterhaltsame Weise über kuriose Rechtsfälle.

- **Tagesschau-Blog**
  blog.tagesschau.de (ohne „www.“)
  Das Tagesschau-Blog ermöglicht einen Blick hinter die Kulissen der Nachrichtenredaktion. Die Tagesschau-Redakteure berichten hier in lockerer Art über den Redaktionsalltag.

In den deutschen Blogcharts finden Sie jede Woche die aktuellen Top 100 der beliebtesten Blogs.

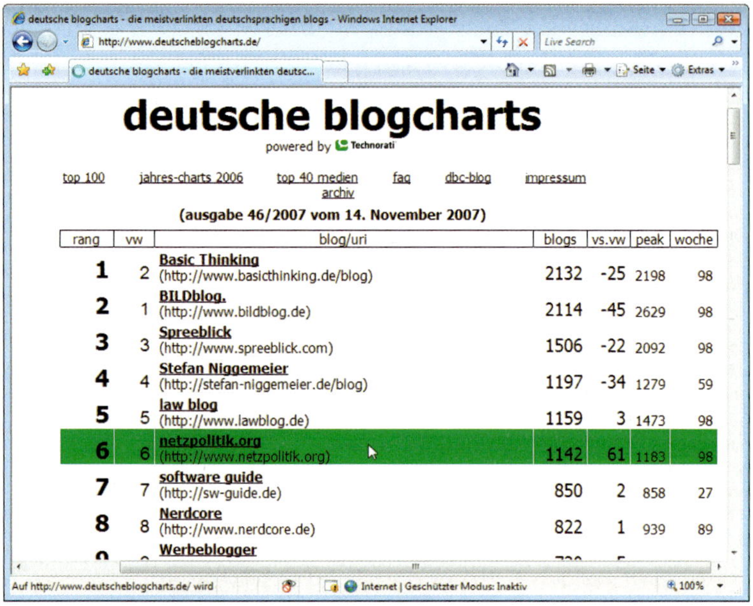

Die typischen Merkmale eines Blogs

Auf den ersten Blick unterscheiden sich Blogs kaum von „normalen“ Webseiten. Bei näherer Betrachtung zeigt sich jedoch, dass fast alle Blogs ganz bestimmten Spielregeln gehorchen. Blogs kennzeichnen sich durch folgende Merkmale und Elemente:

- **Sortierte Blogbeiträge**
  Hauptbestandteil eines Blogs sind die Blogbeiträge, in der Fachsprache auch Posts genannt. Jeder Beitrag kann dabei aus Texten, Bildern, Tondokumenten oder Videos bestehen. Wichtigstes Merkmal im Blog: Die neuesten Beiträge stehen immer ganz oben, ältere rutschen in der chronologischen Liste nach unten.

- **Kategorien**
  Für Ordnung in der umgekehrt chronologischen Liste der Blogbeiträge sorgen die Kategorien. Jedem Blogbeitrag können eine oder

mehrere Kategorien zugeordnet werden. Die Kategorien erleichtern die Navigation und Suche innerhalb des Blogs. Wer sich nur für spezielle Themen eines Blogs interessiert, kann die Beiträge über die Kategorienliste nach Themen sortieren. Über eine Suchfunktion lassen sich Posts auch per Stichwortsuche auffinden.

- **Permalinks**
  Bei klassischen Webseiten führen Änderungen einer Seite meist dazu, dass der bisherige Inhalt mit der neuen Version überschrieben wird. Bei Blogs ist es üblich, einmal veröffentlichte Beiträge unverändert zu lassen. Eine neue Version führt ganz einfach zu einem neuen Blogbeitrag. Über den Permalink (permanente Verknüpfung) ist ein einmal veröffentlichter Post direkt erreichbar. Andere Webseiten können über den Permalink stets auf den Originalbeitrag verweisen.

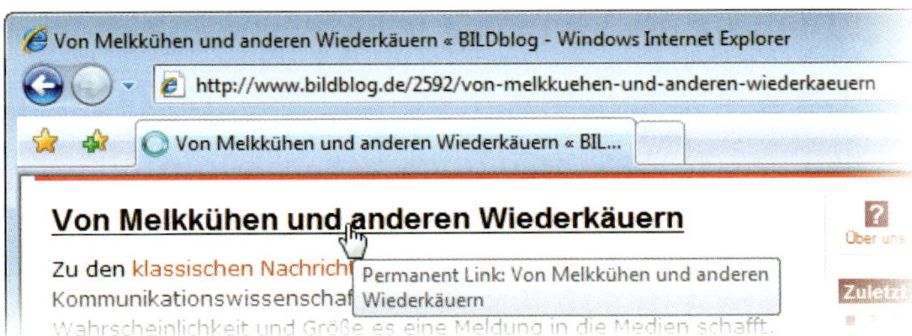

  Den Permalink eines Blogbeitrags finden Sie in der Regel, wenn Sie auf die Überschrift des Posts klicken. Der Permalink steht anschließend in der Adresszeile des Browsers.

- **Kommentare**
  Fast alle Blogs verfügen über eine Kommentarfunktion, über die Sie Lob und Kritik äußern können. Meist finden Sie direkt unter dem Blogbeitrag ein Kommentarfeld oder einen entsprechenden Link.

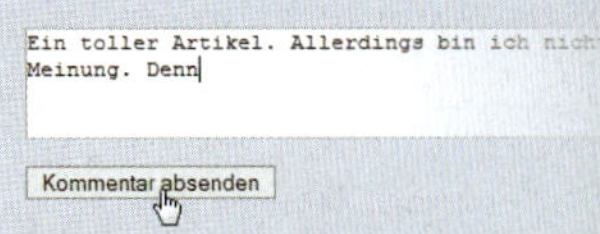

- **Blogroll**
  Einen hohen Stellenwert nimmt bei Bloggern das Zusammengehörigkeitsgefühl ein. Blogautoren verstehen sich als Gemeinschaft. Viele Blogs verweisen daher in einer Blogroll auf die Blogs von Freunden und Bekannten oder thematisch ähnliche Angebote.

- **Archiv und Kalender**
  Da Beiträge wie Tagebucheinträge in umgekehrt chronologischer

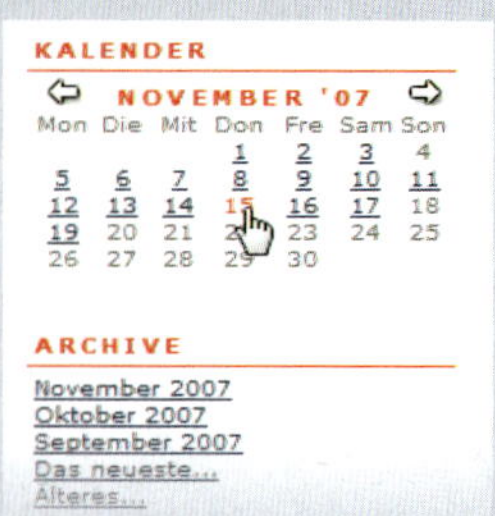

Reihenfolge ins Blog geschrieben werden, gibt es in den meisten Blogs ein Archiv und eine Kalenderfunktion. Darüber können Sie die Blogbeiträge eines bestimmten Datums oder Datumsbereichs einblenden.

- **Feeds**
  Viele Blogs werden täglich – einige sogar im Stundentakt – mit neuen Inhalten gefüttert. Um auf dem Laufenden zu bleiben, können Sie ein Blog abonnieren. Über Feeds oder Newsfeeds werden Sie automatisch mit den neuesten Inhalten eines oder mehrerer Blogs versorgt.
  Hierzu müssen Sie im Blog lediglich auf Links wie *RSS 2.0 Feed* oder *Atom 1.0 Feed* und anschließend auf *Feed abonnieren* zu klicken. Über die Feedfunktion des Browsers können Sie dann direkt auf die neuesten Beiträge eines Blogs zugreifen.

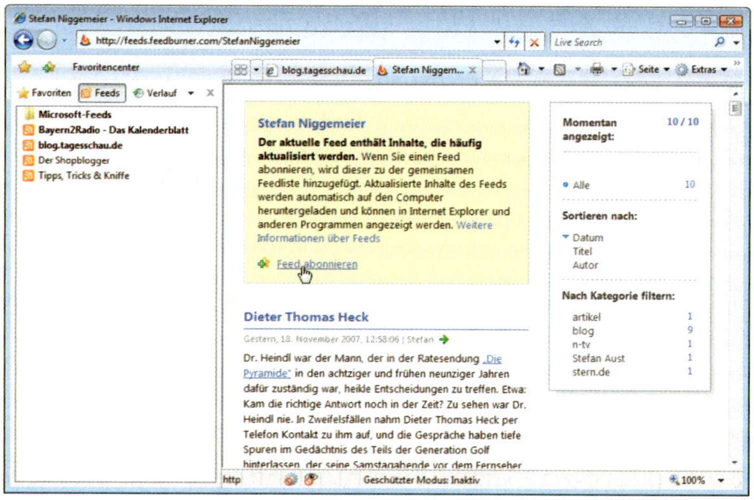

Fast jedes Blog lässt sich als RSS-Feed abonnieren. Der RSS-Reader des Browsers sammelt damit automatisch die Nachrichten und Beiträge aller abonnierten Blogs.

Selber bloggen

Im Internet ist es ganz einfach, selbst mit einem eigenen Blog vertreten und Teil der Blogosphäre (Netzwerk der aktiven Blogs) zu sein. Dabei haben Sie die freie Wahl, über welche Themen Sie in Ihrem Blog schreiben möchten. Ob Tipps zur Hundehaltung, Ihre Erlebnisse auf der letzten Zugreise, Anleitungen für Hobbyheimwerker, die eigene Gedichtsammlung oder eine Mischung aus allem – Ihrer Fantasie sind keine Grenzen gesetzt. Um ein eigenes Blog im Web zu starten, haben Sie folgende Möglichkeiten:

- **Bloggen bei Blogprovidern**
  Die einfachste und schnellste Möglichkeit bieten Blogprovider. Das sind Anbieter, die Ihnen kostenlose fertige Blogs „von der Stange“ zur Verfügung stellen, inklusive aller wichtigen Blogfunktionen und einer eigenen Internetadresse. Wenn Sie nur wenig Zeit in die Einrichtung eines Blogs investieren möchten, sollten Sie zu dieser Variante greifen.

- **Die Blogfunktion des eigenen Internetproviders nutzen**
  Wenn Sie bereits über eine eigene Homepage bei einem Anbieter wie 1&1, GMX oder Freenet verfügen, können Sie auch die Blogfunktion Ihres Providers nutzen. Bei den meisten Homepagepaketen ist die kostenlose Blogfunktion bereits integriert.

- **Bloggen mit eigener Blogsoftware**
  Die größte Flexibilität beim Bloggen bietet eine selbst installierte Blogsoftware wie WordPress. Einmal eingerichtet, können Sie Ihr Blog beliebig umgestalten oder mit neuen Funktionen ausstatten. Allerdings ist diese Variante auch die aufwendigste: Sie brauchen eine eigene Homepage mit Datenbankfunktionen und Unterstützung für die Internetprogrammiersprache PHP.

Wenn es schnell gehen soll: Bloggen mit Blogprovidern

Wenn Sie sofort loslegen und ohne Umwege ihre ersten Beiträge schreiben möchten, sollten Sie die Dienste eines Blogproviders in Anspruch nehmen.

Hier erhalten Sie kostenlos eine fix und fertig eingerichtete Blogseite, die Sie nur noch mit Inhalt füttern müssen. Zu den beliebtesten Anbietern gehören folgende Blogprovider:

- Blogger (www.blogger.com)
- Blogg.de (www.blogg.de)
- MyBlog (www.myblog.de)
- Twoday (www.twoday.net)
- Windows Live Spaces (spaces.live.com, ohne „www.“)

Auf den folgenden Seiten erfahren Sie, wie Sie beim Blogdienst Blogger ein eigenes Blog einrichten und pflegen. Die Vorgehensweise ist bei den anderen genannten Anbietern ähnlich.

Das eigene Blog bei Blogger.com

Einer der beliebtesten Bloganbieter ist Blogger von Google. Hier erhalten Sie auch gratis eine eigene Webadresse für Ihre Seite. Ein eigenes Blog ist schnell eingerichtet:

So geht's:

Gehen Sie wie folgt vor, um ein eigenes Blog bei Blogger anzulegen:

1. Rufen Sie die Webseite www.blogger.com auf, und klicken Sie auf die Schaltfläche *Blog jetzt erstellen*.
2. Auf der folgenden Seite geben Sie Ihre persönlichen Daten wie Benutzernamen und gewünschtes Kennwort ein. Klicken Sie anschließend auf *Weiter*.
3. Im nächsten Schritt geben Sie Ihrer Webseite einen treffenden Namen und wählen die gewünschte Internetadresse aus. Am besten wählen Sie dabei einen Titel, der bereits aussagt, worum es auf Ihrer Webseite geht. Klicken Sie auf *Weiter*, um fortzufahren.

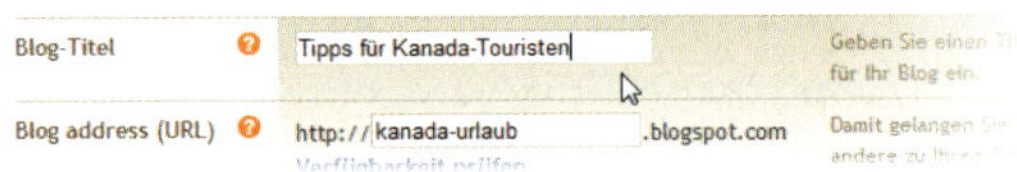

4. Auf der nächsten Seite haben Sie die Wahl zwischen verschiedenen Designvorlagen. Wählen Sie die Vorlage aus, die Ihnen am besten gefällt, und klicken Sie auf *Weiter*.

Beim Einrichten Ihres eigenen Blogs haben Sie die Wahl zwischen verschiedenen Designvorlagen.

Fertig: Ihr Blog, Ihre eigene Webseite im Internet, ist damit komplett „gebaut". Über die in Schritt 3 gewählte Blogadresse ist Ihr Blog weltweit erreichbar. Jetzt fehlt nur noch der Inhalt. Füllen Sie Ihr Blog nach Belieben mit eigenen Texten und Bildern oder legen Sie Kategorien und Unterkategorien für verschiedene Themen an.

Das Blog mit Inhalt füllen

Ein neuer Text für die eigene Webseite ist schnell geschrieben, überarbeitet oder auch wieder gelöscht.

So geht's:

Gehen Sie folgendermaßen vor, um Ihr Blog mit Inhalten zu füllen:

1. Rufen Sie die Webseite www.blogger.com auf, und geben Sie in die Felder *Username* und *Passwort* die Zugangsdaten Ihres Blogs ein.

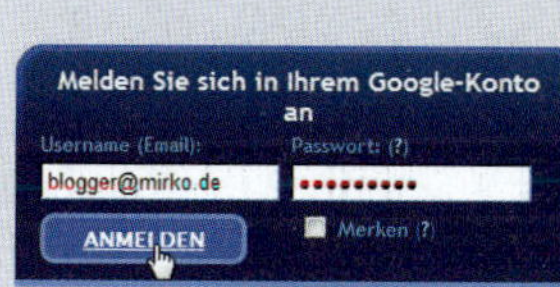

2. Für einen neuen Blogbeitrag klicken Sie auf *Neuer Post*.
3. Auf der nächsten Seite geben Sie den Titel sowie den Text des Beitrags ein. Die Eingabemaske ähnelt der Oberfläche einer Textverarbeitung. Über die kleine Symbolleiste können Sie Ihren Text mit unterschiedlichen Schriftarten, -größen und -farben formatieren.
4. Um den Blogbeitrag mit einem Foto aufzulockern, platzieren Sie die Einfügemarke an die Position, an der das Bild erscheinen soll. Anschließend klicken Sie auf die Schaltfläche *Image hinzufügen*.

5. Im nächsten Fenster klicken Sie auf die Schaltfläche *Durchsuchen* und wählen eine Bilddatei aus. Anschließend wählen Sie das gewünschte Layout – zum Beispiel *Zentriert* – sowie die Bildgröße und kreuzen das Kontrollkästchen *Ich stimme den Nutzungsbedingungen zu* an. Klicken Sie anschließend auf *Hochladen*.

Achtung

Nicht jedes Foto ist erlaubt.

Beachten Sie beim Veröffentlichen von Fotos auf eigenen Blogseiten, dass nicht jedes Foto erlaubt ist. Unzulässig sind beispielsweise Bilder mit gewaltverherrlichenden, rassistischen oder pornografischen Inhalten. Auch urheberrechtlich geschützte Bilder dürfen nicht gezeigt werden. Welche rechtlichen Rahmenbedingungen Sie beim Erstellen von Blogbeiträgen noch beachten sollten, erfahren Sie ausführlich im Kapitel *Achtung: Juristische Fallstricke* (→ Seite 161).

6. Das Foto wird daraufhin über das Internet zum Bloganbieter übertragen. Sobald die Übertragung abgeschlossen ist, erscheint das Bild direkt im Bearbeitungsfenster.

Im Bearbeitungsfenster geben Sie – wie bei einem Textverarbeitungsprogramm – Ihren Blogbeitrag ein.

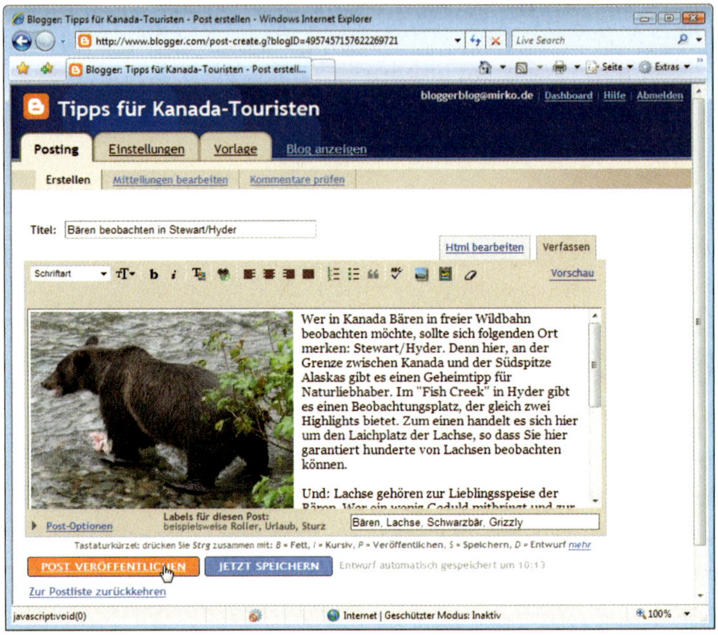

7. Ganz wichtig: Tragen Sie in das Feld *Labels für diesen Post* einige Stichworte ein, die den Inhalt des Beitrags charakterisieren. Über die Stichworte finden Ihre Leser schneller zu den gewünschten Posts. Zudem ist Ihr Beitrag über die Suchmaschinen besser auffindbar.

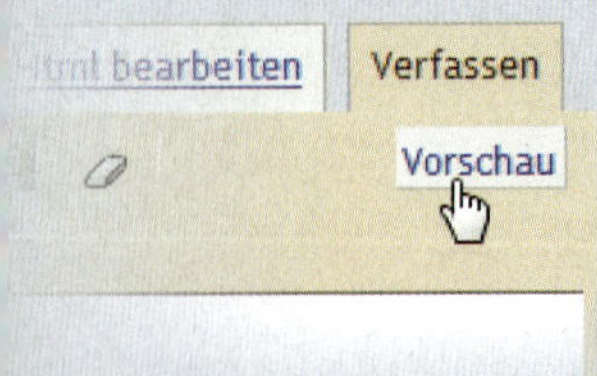

8. Über die Schaltfläche *Vorschau* können Sie schon einmal vorab einen Blick auf das endgültige Layout Ihres Beitrags werfen.
9. Sobald der Beitrag fertig geschrieben und gestaltet ist, klicken Sie auf *Post veröffentlichen*.
10. Möchten Sie Ihren neuen Beitrag so sehen, wie er für alle anderen im Internet sichtbar ist, klicken Sie auf *Blog anzeigen*.

Auf diese Weise können Sie beliebig viele Blogbeiträge schreiben und Ihr Blog Schritt für Schritt mit Inhalten füllen. Über die Konfigurationsoberfläche – bei Blogger Dashboard genannt – lassen sich die bereits veröffentlichten Blogbeiträge nachträglich bearbeiten. Hier können Sie auch die Grundeinstellungen für Ihr Blog sowie das Layout noch einmal anpassen.

Tipp

Bloggen mit Word und Windows Live Writer

Zum Verfassen neuer Blogbeiträge müssen Sie nicht unbedingt die Weboberfläche des Blogproviders verwenden. Sie können Ihre Texte auch mit externer Software wie der Textverarbeitung Word oder dem Gratistool Windows Live Writer verfassen. Ausführliche Informationen zu den Blogeditoren finden Sie im Abschnitt *Mit Word und Windows Live Writer bloggen* (→ Seite 79).

Die Blogfunktion des eigenen Internetproviders

Ein Blog ist der schnellste und unkomplizierteste Weg zur eigenen Homepage. Es gibt auch Alternativen: Oft erhalten Sie von Ihrem Internetanbieter – zum Beispiel 1&1 – zusätzlich zum Internetzugang kostenlosen Webspeicherplatz und einen Homepage-Baukasten für Ihre eigene Internetseite. Die Bedienung der Baukastensysteme ist allerdings meist komplizierter als bei den zuvor beschriebenen „echten" Blogprovidern wie Blogger.

Das Blogsystem des eigenen Internetanbieters hat aber einen entscheidenden Vorteil: Ihr Blog ist unter derselben beziehungsweise einer ähnlichen Internetadresse erreichbar wie Ihre Hauptseite. Haben Sie beispielsweise die Internetadresse www.mirko.de reserviert, ist Ihr Blog ebenfalls unter dieser Adresse erreichbar.

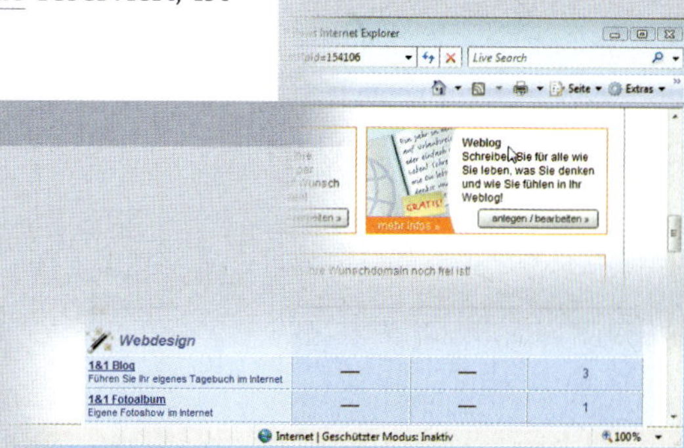

Info

Der Weg zur eigenen Homepage

Die Blogfunktion eines Internetproviders lohnt sich nur, wenn Sie sowieso schon beim Anbieter eine eigene Homepage haben. Das Blog ist dann praktisch eine kostenlose Dreingabe. Nur um ein Blog ins Leben zu rufen, lohnt sich der Abschluss eines Homepagevertrags nicht. Hier sollten Sie auf die kostenlosen Angebote der Blogprovider nutzen. Wie Sie eine eigene Homepage bei einem Internetprovider anmelden und pflegen, ist Thema des Kapitels *Meine eigene Homepage* (→ Seite 114).

Ein Blog beim Anbieter 1&1 einrichten

Auf den folgenden Seiten erfahren Sie, wie Sie die Blogfunktion des Homepage-Anbieters 1&1 nutzen. Bei anderen Anbietern wie Freenet oder GMX ist die Vorgehensweise ähnlich.

So geht's:

Wenn Sie bereits beim Anbieter 1&1 (www.1und1.de) über eine eigene Homepage – mindestens 1&1 Homepage Basic – verfügen, ist der Weg zum passenden Blog nicht weit. Gehen Sie wie folgt vor, um Ihr persönliches Blog einzurichten:

1. Rufen Sie die Webseite www.1und1.de auf, und klicken Sie oben rechts auf *Kunden-Login*.
2. Geben Sie Ihre 1&1-Zugangsdaten ein, und klicken Sie auf *Login*.
3. Im Kundencenter klicken Sie anschließend im Bereich *Homepage/ Anwendungen* auf *1&1 Blog*.
4. Auf der nächsten Seite klicken Sie auf *Anlegen*.
5. Kreuzen Sie anschließend das Feld *Ich stimme den Nutzungsbedingungen für das Weblog zu* an, und fahren Sie mit einem Klick auf *Weiter* fort.

6. Jetzt legen Sie den Namen für Ihr Blog fest. Geben Sie eine treffende Bezeichnung ein, zum Beispiel „Kanada-Tipps". Der Name sollte auf Anhieb erkennen lassen, worum es sich beim Blog dreht. Wählen Sie dann aus der Liste *Domain* einen der Domainnamen aus, die Sie bei 1&1 reserviert haben und für das Blog verwenden möchten. Bestätigen Sie die Auswahl mit *Weiter*.
7. Im nächsten Schritt legen Sie die Zugangsdaten zu Ihrem Blog fest, über die Sie sich später anmelden und neue Beiträge verfassen. Geben Sie Ihre E-Mail-Adresse sowie das gewünschte Kennwort ein, und klicken Sie auf *Weiter*.
8. Jetzt müssen Sie nur noch das äußere Erscheinungsbild des Blogs festlegen. Wählen Sie per Mausklick eine der Designvorschläge aus, und bestätigen Sie mit *Weiter*.

Das war's. Ihr Blog wird jetzt vom Internetprovider angelegt und ist sofort verfügbar. Auf der Übersichtsseite sind noch einmal die wichtigsten Daten wie die Zugangskennungen oder die Internetadresse für die Verwaltungsoberfläche angegeben.

Info

Was beim Bloggen zu beachten ist

Auch beim Blog des Homepage-Anbieters müssen Sie gewisse Spielregeln einhalten. Worauf Sie beim Bloggen achten müssen, erfahren Sie ausführlich im Kapitel *Achtung: Juristische Fallstricke* (→ Seite 161).

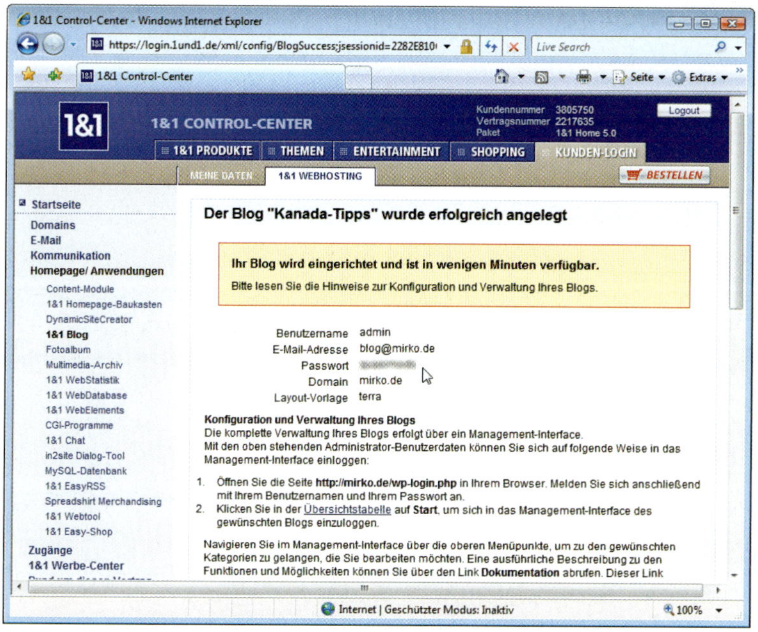

Bei vielen großen Internetanbietern erhalten Sie die Blogfunktion als Gratisbeigabe zur eigenen Homepage.

Blogbeiträge mit dem 1&1-Blog veröffentlichen

Sobald Ihr Blog beim Internetanbieter eingerichtet ist, können Sie auch sofort loslegen und die ersten Beiträge verfassen.

So geht's:

Um das Blog beim Internetanbieter 1&1 mit Inhalt zu füllen, gehen Sie folgendermaßen vor:

1. Rufen Sie Ihre eigene Webseite auf, und hängen Sie hinten an die Internetadresse *wp-login.php* an. Lautet Ihre Domain, für die Sie den Blog eingerichtet haben, zum Beispiel www.mirko.de, geben Sie folgende Adresse ein:

www.mirko.de/wp-login.php

2. Sie sehen nun das Anmeldefenster Ihres Blogs. Geben Sie hier Ihre Zugangsdaten ein, und klicken Sie auf *Anmelden*.
3. Nun erscheint die Übersichtsseite Ihres Blogs – das Kontrollzentrum Ihrer Webseite, über das Sie neue Beiträge schreiben, bestehende Artikel bearbeiten oder Kategorien anlegen.
   Um einen neuen Blogeintrag zu verfassen, klicken Sie zunächst auf *Schreiben*.

4. Im nächsten Fenster geben Sie den Titel sowie den eigentlichen Textbeitrag ein. Über die Schaltfläche der Symbolleiste können Sie den Text beliebig formatieren und beispielsweise Zwischenüberschriften fett schreiben oder Absätze einrücken.

5. Um ein Foto hinzuzufügen, klicken Sie im Bereich *Upload* auf die Schaltfläche *Durchsuchen* und wählen anschließend die gewünschte Bilddatei aus. Geben Sie einen Titel und die Beschreibung für das Bild ein, und klicken Sie auf *Upload*.

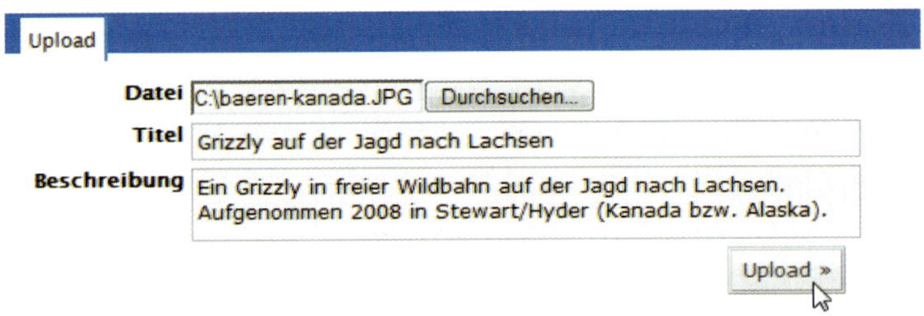

Sobald das Foto auf den Server des Internetanbieters übertragen wurde, bestimmen Sie, in welcher Form das Bild im Beitrag erscheinen soll. Bei kleineren Bildern sind die Optionen *Originalgröße* und *Keine* ideal. Handelt es sich um ein größeres Foto, das in Originalgröße zu viel Platz im Browserfenster einnehmen würde, wählen Sie die Optionen *Vorschaubild* und *Datei*. Dann wird im Beitrag ein kleines Vorschaubild eingeblendet.

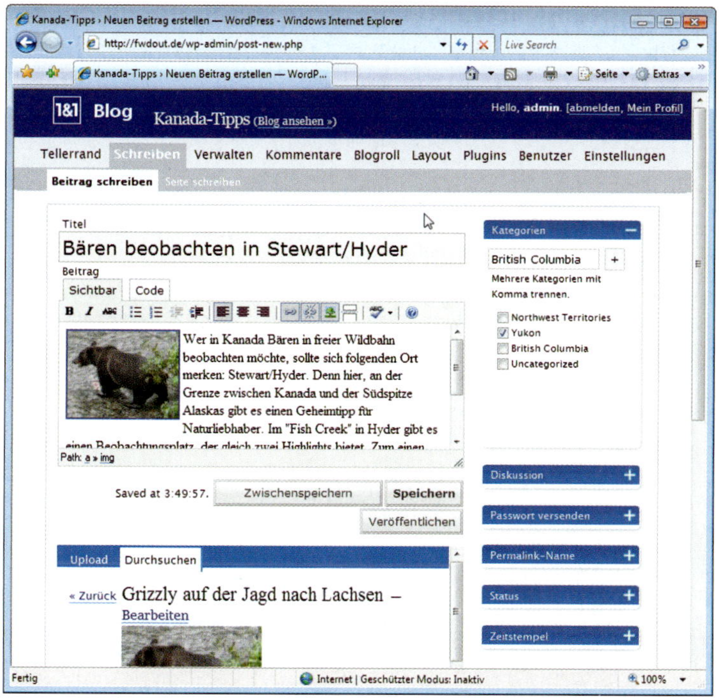

Überschrift, Text, Bilder, Kategorien und weitere Einstellungen nehmen Sie im Bearbeitungsfenster des Blogbeitrags vor.

Sobald der Leser später auf die Vorschau klickt, erscheint das Foto in voller Größe.

Klicken Sie auf *An Editor senden*, um das Bild mit den gewünschten Einstellungen in das Bearbeitungsfenster einzufügen.

6. Das Foto erscheint am Anfang des Beitrags. Mit gedrückter Maustaste lässt es sich aber auch an eine andere Position verschieben. Um den Text um das Bild fließen zu lassen, markieren Sie das Bild und klicken auf die Schaltfläche *Insert/edit image*. Wählen Sie im Feld *Alignment* den Eintrag *Left*, und klicken Sie auf *Update*.

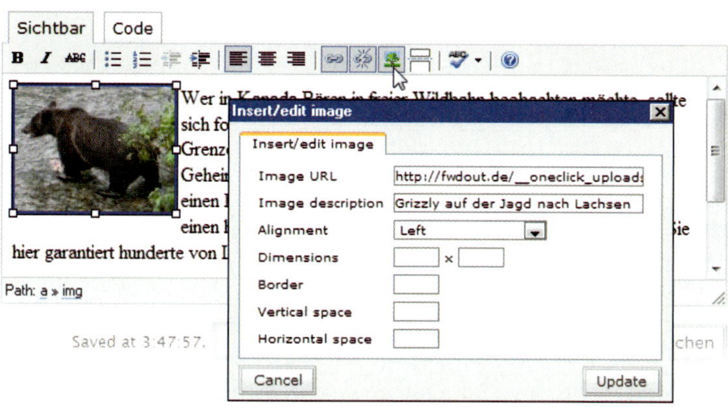

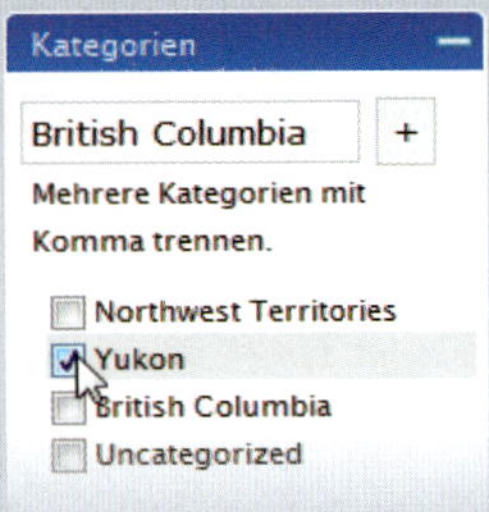

7. Um Ordnung auf der Blogseite zu schaffen, sollten Sie Ihre Artikel in Kategorien aufteilen. Bei einem Blog über Kanada bieten sich beispielsweise die kanadischen Provinzen wie *British Columbia, Yukon* oder *Northwest Territories* als Kategorien an. Um eine neue Kategorie einzufügen, geben Sie den Kategoriennamen oben rechts in das Eingabefeld ein und klicken auf die Plusschaltfläche. Kreuzen Sie anschließend die Kategorien an, in die der aktuelle Blogbeitrag einsortiert werden soll.
8. Sobald der Blogbeitrag fertig ist, klicken Sie auf *Veröffentlichen*. Der neue Artikel ist sofort für jedermann auf Ihrer Blogseite sichtbar. Um selbst einen Blick auf den neuen Beitrag zu werfen, klicken Sie auf *Beitrag ansehen*.

Übrigens: Viele Internetprovider nutzen für die Blogfunktion die Software WordPress. Was WordPress noch bietet und wie Sie die Blogsoftware um weitere Funktionen erweitern, erfahren Sie im nächsten Abschnitt *Bloggen mit eigener Blogsoftware*.

So sieht der neue Artikel im World Wide Web aus.

Bloggen mit eigener Blogsoftware

Mit den fertigen Blogs „von der Stange“, die von Blogprovidern oder direkt vom Internetanbieter als Zugabe zur Homepage zur Verfügung gestellt werden, sind neue Blogs innerhalb von wenigen Minuten eingerichtet. Nach der Anmeldung können Sie sofort losbloggen. So viel

Komfort hat aber auch seinen Nachteil: Standardblogs bieten zwar alle wichtigen Funktionen wie Suche, Kalender oder Kommentare, das war es dann aber auch schon.

Wer mehr vorhat und zum Beispiel ausführliche Statistiken nutzen, YouTube-Videos einbinden, mit Google-Werbung Geld verdienen oder professionell gestaltete Tabellen darstellen möchte, kann noch einen Schritt weiter gehen. Statt auf die fertigen Lösungen der Bloganbieter zu setzen, verwenden Sie einfach eine eigene Blogsoftware wie WordPress (www.wordpress-deutschland.org). Die gibt es kostenlos und sie lässt sich leicht selbst installieren.

Der Vorteil eigener Blogsoftware: Da nur Sie Zugriff auf Ihre eigene Blogsoftware haben, lässt sie sich nach Herzenslust konfigurieren. Über Plugins erweitern Sie Ihr Blog um interessante Zusatzfunktionen. Über 800 Erweiterungen stehen zur Auswahl, täglich kommen neue hinzu. Auch beim Layout haben Sie die Qual der Wahl. Für die eigene Blogsoftware sind Hunderte Designs im Angebot – bei Blogprovidern gibt es meist nur eine Handvoll Layouts.

Das brauchen Sie für die eigene Blogsoftware

Der Einsatz einer eigenen Software ist beim Bloggen die Königsklasse. Hier haben Sie die größte Flexibilität in Sachen Konfiguration und Aussehen des Blogs. Allerdings ist eine eigene Software auch mit erheblichem Mehraufwand verbunden. Um sie nutzen zu können, müssen folgende Voraussetzungen erfüllt sein:

- **Webspeicherplatz mit SQL und PHP**
  Um eine eigene Blogsoftware einsetzen zu können, benötigen Sie eine Homepage bei einem Internetanbieter wie 1&1 (www.1und1.de), Freenet (www.freenet.de) oder Strato (www.strato.de). Ganz wichtig dabei: Der Webspeicherplatz muss über eine MySQL-Datenbank verfügen und die Internetprogrammiersprache PHP unterstützen. Fragen Sie im Zweifelsfall bei Ihrem Homepage-Anbieter nach, ob Ihr Webspeicherplatz die Voraussetzungen erfüllt.

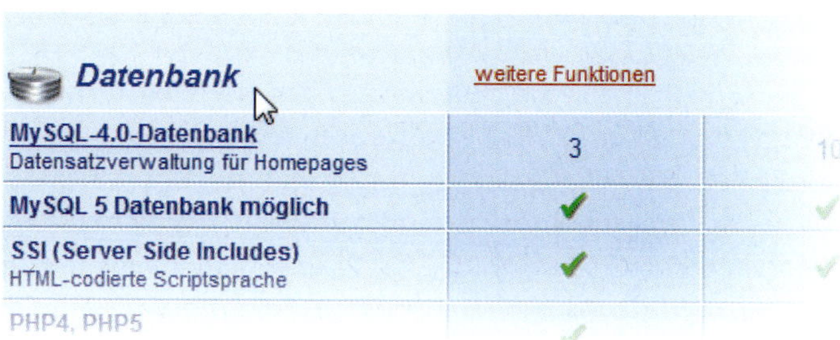

Info

Die eigene Homepage – so geht's.

Wie Sie eine eigene Homepage einrichten und pflegen, erfahren Sie ausführlich im Kapitel *Meine eigene Homepage* (→ Seite 114).

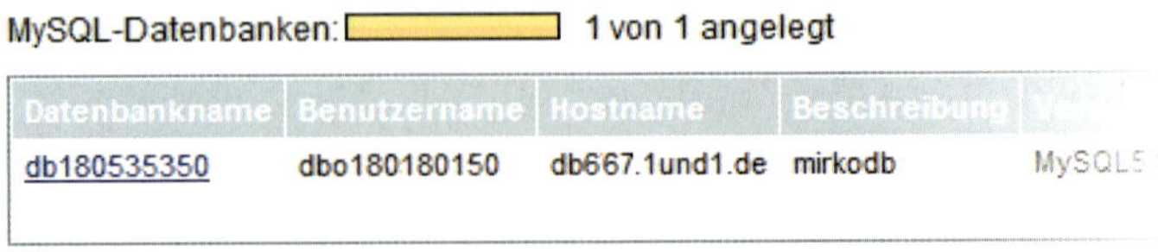

Notieren Sie sich zudem die Zugangsdaten zu Ihrer MySQL-Datenbank – Sie benötigen die Daten später für die Installation der Blogsoftware. Die Zugangsdaten finden Sie meist im Kundencenter Ihres Internetproviders im Bereich *MySQL-Datenbank*.

- **FTP-Software**
  Um die Blogsoftware auf den Webspeicherplatz der eigenen Homepage zu übertragen, benötigen Sie ein FTP-Programm. Hier empfiehlt sich das kostenlose Tool FileZilla (www.filezilla.de).

- **Blogsoftware**
  Lust but not least brauchen Sie eine geeignete Blogsoftware. Die bekannteste und erfolgreichste Blogsoftware ist WordPress (www.wordpress-deutschland.org). Die Installation und Einrichtung von WordPress wird im folgenden Abschnitt erläutert. Gute Alternativen sind die Gratislösungen BLOG:CMS (www.blogcms.com), LifeType (www.lifetype.de), Pivot (www.pivotlog.net), SnipSnap (www.snipsnap.org) und Serendipity (www.s9y.org).

WordPress installieren

Bevor Sie die eigene Blogsoftware nutzen können, müssen Sie sie aus dem Internet herunterladen und auf dem eigenen Webspeicherplatz installieren.

So geht's:

Für die Installation von WordPress gehen Sie folgendermaßen vor:

1. Rufen Sie die Webseite www.wordpress-deutschland.org auf, und klicken Sie auf *Download Wordpress* und anschließend auf *WordPress DE-Edition* für die deutsche Version der Blogsoftware. Mit einem Klick auf den Link *.zip* starten Sie den Download. Speichern Sie die heruntergeladene Datei auf der lokalen Festplatte.
2. Klicken Sie doppelt auf die heruntergeladene Datei *latest.zip*, und entpacken Sie die Dateien des Zip-Pakets, indem Sie auf *Alle Dateien extrahieren* klicken.
3. Wechseln Sie mit dem Windows-Explorer (*Start* | *Alle Programme* |

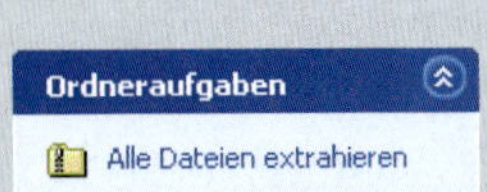

Zubehör | Windows-Explorer) in den Ordner, der die extrahierten Dateien enthält. Klicken Sie doppelt auf die Datei *wp-config-sample.php*, und wählen Sie im nächsten Fenster den Eintrag *Programm aus einer Liste auswählen*. Entscheiden Sie sich für *Editor*, und bestätigen Sie mit *OK*.

4. Jetzt müssen Sie die Zugangsdaten zur Ihrer MySQL-Datenbank eintragen. Die erhalten Sie im Kundencenter Ihres Internetanbieters. Ersetzen Sie *putyourdbnamehere* durch den Namen Ihrer Datenbank und *usernamehere* durch den MySQL-Benutzernamen. Für den Platzhalter *yourpasswordhere* tragen Sie das Zugangskennwort für Ihre MySQL-Datenbank ein. Nach der Bearbeitung sehen die ersten Zeilen zum Beispiel folgendermaßen aus:

```
<?php
// ** MySQL settings ** //
define(‚DB_NAME‘,‚db180180150‘);
define(‚DB_USER‘,‚dbo180180150‘);
define(‚DB_PASSWORD‘,‚bau4rb3iter22‘);
define(‚DB_HOST‘,‚localhost‘);
define(‚DB_CHARSET‘,‚utf8‘);
define(‚DB_COLLATE‘,‚‘);
```

Bei einigen Internetanbietern müssen Sie zusätzlich in der Zeile *DB_HOST* den Platzhalter *localhost* durch den Hostnamen ersetzen. Ob ein Hostname erforderlich ist und wie er lautet, erfahren Sie im Konfigurationsmenü Ihres Webspeicherplatzes im Bereich *MySQL-Datenbank*.

5. Rufen Sie den Befehl *Datei | Speichern unter* auf, und speichern Sie die Datei unter dem neuen Namen *wp-config.php*. Wählen Sie hierzu im Speichern-Dialogfenster den Dateityp *Alle Dateien*, und geben Sie als Dateinamen „wp-config.php“ ein.

6. Starten Sie das FTP-Programm, etwa FileZilla (www.filezilla.de), und stellen Sie eine FTP-Verbindung zu Ihrem Webspeicherplatz her. Im FTP-Programm FileZilla tragen Sie hierzu in die Felder *Server, Benutzername* und *Passwort* die FTP-Zugangsdaten ein und klicken auf *Verbinden*. Die genauen Zugangsdaten erfahren Sie im Konfigurationsbereich Ihres Webspeicherplatzes.

7. Es empfiehlt sich, die Blogsoftware in einem neuen Ordner der eigenen Homepage zu installieren. Klicken Sie hierzu in der rechten Hälfte des Fensters – dort sehen Sie den Inhalt Ihres Webspeicherplatzes – mit der rechten Maustaste auf einen freien Bereich und wählen den Befehl *Ordner erstellen*. Bestimmen Sie einen

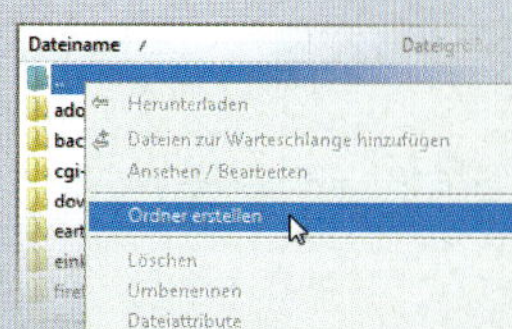

treffenden Namen für den Ordner, etwa *kanada-tipps* für ein Blog über Kanada.

Ein wichtiger Schritt bei der Installation von WordPress: Tragen Sie in die Konfigurationsdatei Ihre MySQL-Zugangsdaten ein, und speichern Sie die Datei unter dem neuen Namen *wp-config.php.*

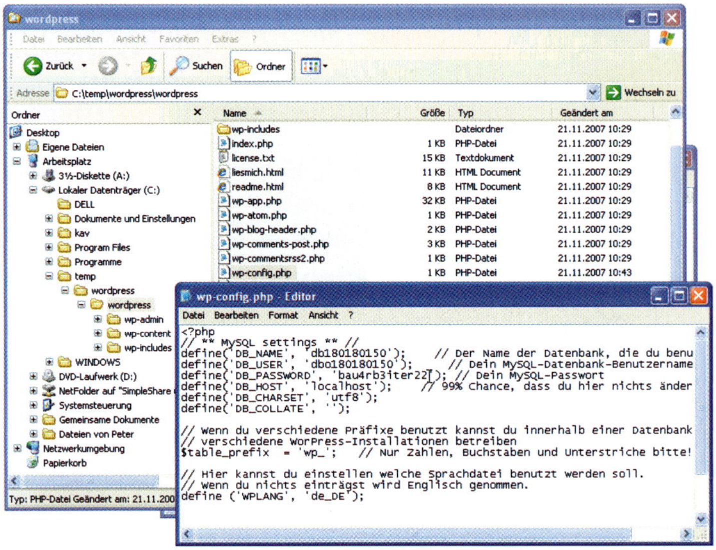

8. Wechseln Sie per Doppelklick in den neuen Ordner. In der linken Fensterhälfte – dort sehen Sie die Ordner Ihrer lokalen Festplatte – wechseln Sie zum Ordner, der die entpackten WordPress-Dateien enthält. Markieren Sie mit der Tastenkombination [Strg]+[A] alle WordPress-Dateien. Jetzt klicken Sie mit der rechten Maustaste auf die markierten Dateien und rufen den Befehl *Hochladen* auf. Die WordPress-Dateien werden anschließend auf Ihren Webspeicherplatz übertragen.

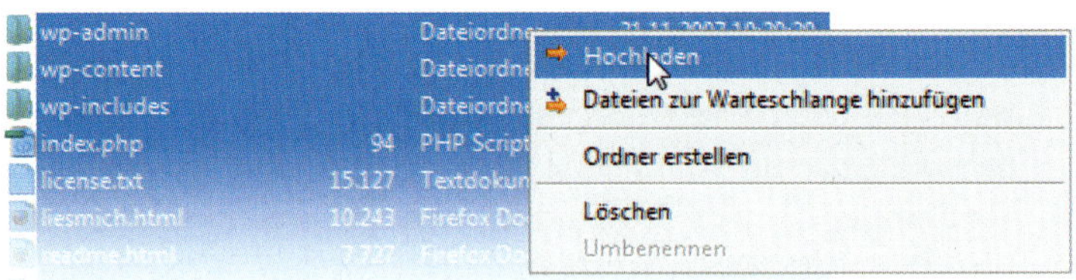

9. Sobald die Übertragung abgeschlossen ist, starten Sie den Internet Explorer und geben die Internetadresse Ihrer Homepage, gefolgt vom neu vergebenen Ordnernamen (Schritt 7) sowie dem Zusatz */wp-admin/install.php* ein. Lautet die Adresse beispielsweise www.mirko.de und der neue Ordnername *kanada-tipps*, geben Sie folgende Adresse ein:

www.mirko.de/kanada-tipps/wp-admin/install.php

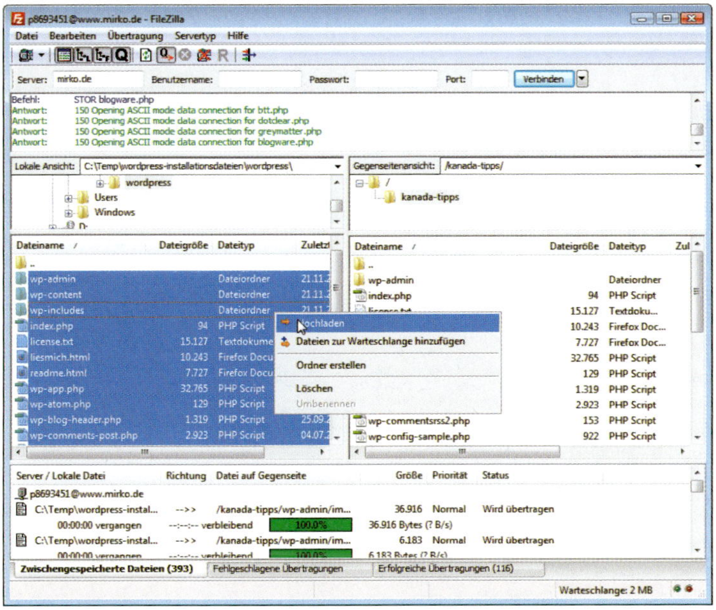

Mit einem FTP-Programm wie FileZilla übertragen Sie die Installationsdateien in einen neuen Ordner Ihres Webspeicherplatzes.

10. Sofern in der Datei *wp-config.php* alle Zugangsdaten korrekt eingetragen wurden (siehe Schritt 4), erscheint das Willkommensfenster des Installationsassistenten. Geben Sie hier nur noch den Titel für das Blog sowie die E-Mail-Adresse ein, und klicken Sie auf *WordPress installieren*.

11. WordPress wird anschließend fertig konfiguriert. Das kann einige Minuten dauern. Zum Abschluss erhalten Sie auf einer Übersichtsseite den Loginnamen sowie das Kennwort, mit dem Sie sich später bei Ihrem Blog anmelden können. Merken Sie sich die Zugangsdaten gut – nur damit können Sie Ihr Blog verwalten.

Die Installation ist damit abgeschlossen. Die Blogsoftware WordPress wurde im Unterordner Ihres Webspeicherplatzes eingerichtet und ist sofort einsatzbereit. Über die Internetadresse Ihres Blogs – bestehend aus Ihrer Homepage-Adresse plus dem neuen Ordnernamen, beispielsweise www.mirko.de/kanada-tipps – können Sie direkt auf die Startseite Ihres neuen Blogs zugreifen.

Herzlichen Glückwunsch: Die Blogsoftware wurde erfolgreich installiert.

Blogbeiträge mit WordPress schreiben

Nach der Installation ist auf dem neu eingerichteten Blog noch nicht viel los. Lediglich ein Beispieleintrag ist dort zu finden. Das lässt sich schnell ändern.

So geht's:

Um einen neuen Blogbeitrag im eigenen WordPress-Blog zu schreiben, gehen Sie folgendermaßen vor:

1. Rufen Sie die Konfigurationsseite Ihres Blogs auf. Die Adresse hierzu setzt sich aus der Internetadresse Ihres Blogs plus der Ergänzung */wp-login.php* zusammen, zum Beispiel www.mirko.de/kanada-tipps/wp-login.php.
2. Geben Sie die Zugangsdaten zu Ihrem Blog ein, die Ihnen zum Abschluss der Installation mitgeteilt wurden, und klicken Sie auf *Anmelden*.
3. Klicken Sie auf *Schreiben*, um einen neuen Blogbeitrag zu verfas-

sen. Im folgenden Fenster schreiben und gestalten Sie den gewünschten Beitrag. Wie Sie dabei genau vorgehen und welche Möglichkeiten zur Textgestaltung zur Verfügung stehen, erfahren Sie ausführlich im Abschnitt *Blogbeiträge mit dem 1&1-Blog veröffentlichen* (→ Seite 63). Da das 1&1-Blog ebenfalls WordPress einsetzt, ist die Vorgehensweise identisch.

WordPress um neue Funktionen erweitern

Einer der größten Vorteile einer eigenen Blogsoftware wie WordPress ist die Flexibilität in Sachen Funktionsumfang. Da für WordPress Hunderte Erweiterungen und Plugins existieren, lassen sich interessante Zusatzfunktion einbinden. Das ist bei Standardblogs von Blogprovidern nicht möglich.

Sehr beeindruckend: Die Blogsoftware WordPress lässt sich mit über 1 000 frei erhältlichen Plugins „aufbohren".

Eine Übersicht aller verfügbaren WordPress-Plugins finden Sie auf der Webseite www.wordpress.org/extend/plugins. Hier sind über 1 000 WordPress-Erweiterungen übersichtlich nach Kategorien sortiert aufgeführt, leider nur in englischer Sprache. Eine deutschsprachige Übersicht der wichtigsten Plugins finden Sie auf der Seite www.sw-guide.de/wordpress/wordpress-plugins/. Die beliebtesten Erweiterungen deutscher WordPress-User listet die Webseite www.sw-guide.de/2007-05/die-beliebtesten-wordpress-plugins-in-der-deutschsprachigen-blogosphaere auf.

So geht's:

Um das eigene WordPress-Blog um neue Funktionen zu ergänzen – beispielsweise das Statistik- und Analysetool Semmelstatz –, sind folgende Schritte notwendig:

1. Rufen Sie die Downloadseite des gewünschten Plugins auf. Für die beliebte Statistikerweiterung Semmelstatz zum Beispiel die Seite www.kopfhoch-studio.de/blog/2765. Klicken Sie auf das Festplattensymbol, um die Plugindateien herunterzuladen.
2. Klicken Sie doppelt auf die heruntergeladene Zip-Datei, und entpacken Sie alle darin enthaltenen Dateien, indem Sie auf *Alle Dateien extrahieren* klicken.
3. Starten Sie Ihr FTP-Programm – zum Beispiel FileZilla (www.filezilla.de) –, und stellen Sie eine FTP-Verbindung zu Ihrem Webspeicherplatz her. Geben Sie hierzu in die Felder *Server, Benutzername* und *Passwort* die FTP-Zugangsdaten ein, und klicken Sie auf *Verbinden*. Die genauen Zugangsdaten erfahren Sie im Konfigurationsbereich Ihres Webspeicherplatzes.
4. Übertragen Sie jetzt den gesamten Ordner, in den Sie die Erweiterung extrahiert haben, in den WordPress-Pluginordner. Sie finden den Pluginordner im Unterordner *wp-content*, zum Beispiel unter www.mirko.de/kanada-tipps/wp-content/plugins/. Übertragen Sie den kompletten Ordner *semmelstatz2* von der Festplatte in den Ordner *plugins* Ihrer WordPress-Installation.

Kopieren Sie mit einem FTP-Programm wie FileZilla (www.filezilla.de) die Plugindateien in den Ordner *plugins* Ihres WordPress-Blogs.

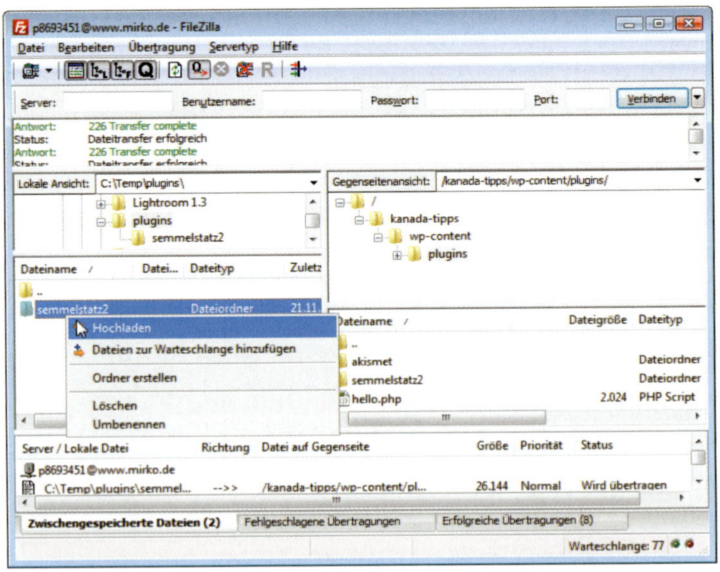

5. Jetzt rufen Sie die Konfigurationsseite Ihres WordPress-Blogs auf. Zur Erinnerung: Sie erreichen die Konfigurationsseite über den Zusatz *wp-login.php*, zum Beispiel www.mirko.de/kanada-tipps/wp-login.php.
6. Klicken Sie auf die Registerkarte *Plugins*.

7. Hier sind alle Erweiterungen aufgeführt, die im Unterordner *plugins* installiert sind. Wichtig: Damit eine Erweiterung genutzt werden kann, muss sie zunächst aktiviert werden. Klicken Sie hierzu beim entsprechenden Plugin in der Spalte *Aktion* auf *Aktivieren*.

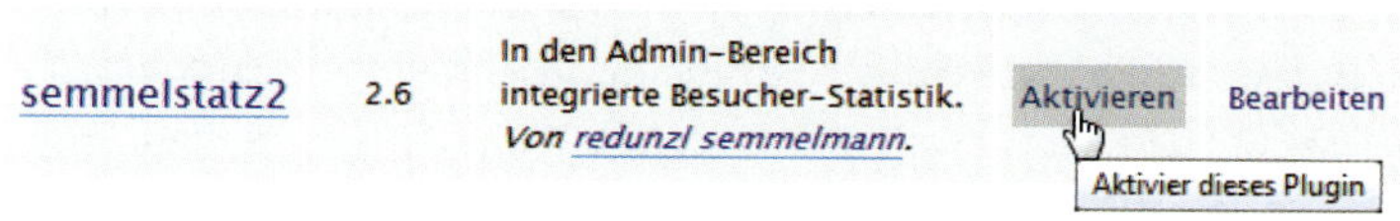

8. Die Erweiterung ist damit aktiviert und nutzbar.
Bei einigen Plugins – wie dem vorliegenden Beispiel – müssen Sie noch eine kleine Änderung an einer Konfigurationsdatei vornehmen. Für das Plugin *Semmelstatz* klicken Sie auf *Themes* und *Theme Editor* und anschließend in der rechten Spalte auf *Header*. Fügen Sie an das Ende der Eingabeformulars die Zeile

```
<?php wp_head(); ?>
```

ein, und klicken Sie auf *Datei aktualisieren*. Wichtig: Diese Änderung ist nur für das vorliegende Semmelstatz-Beispiel notwendig. Ob und welche zusätzlichen Änderungen notwendig sind, erfahren Sie in der Installationsanleitung des jeweiligen Plugins.

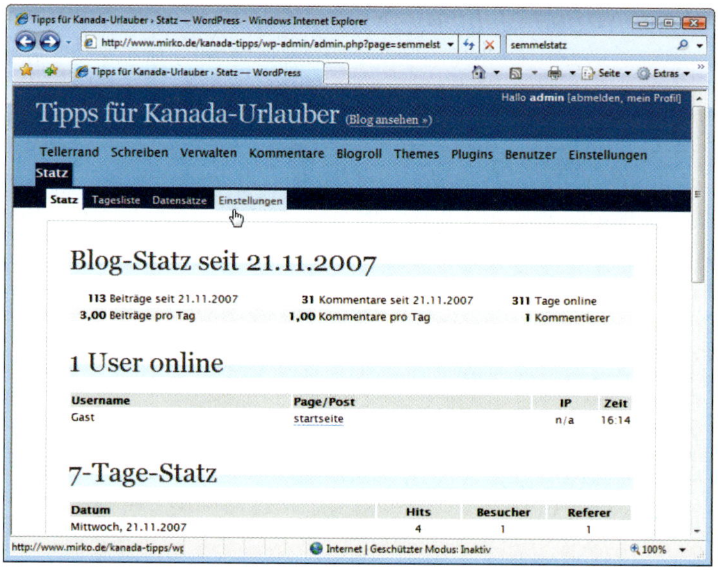

Mit dem Plugin Semmelstatz erhalten Sie umfangreiche statistische Auswertungen über die Nutzung Ihres Blogs und die Herkunft der Besucher.

9. Wurde die Erweiterung erfolgreich installiert, finden Sie meist in der Navigationszeile einen neuen Eintrag; beim Semmelstatz-Plugin zum Beispiel den Eintrag *Statz*, als umgangssprachliche Kurzform von Statistik.
10. Hier können Sie das Plugin konfigurieren oder die Ergebnisse der Erweiterung einblenden. Beim Statistiktool Semmelstatz sehen Sie zum Beispiel eine Reihe statistischer Auswertungen. Sie erfahren unter anderem, welche Beiträge wie oft gelesen oder kommentiert wurden. Über den Link *Einstellungen* können Sie die Erweiterung individuell konfigurieren und beispielsweise festlegen, ob und wie viele Top-10-Beiträge aufgelistet werden sollen.

Neue Designs für Ihr WordPress-Blog

Ein frisch installiertes WordPress-Blog sieht immer gleich aus. Die Blogseite erscheint in einem kühlen Blau. Wer es farbiger mag, kann per Mausklick auf ein anderes Design umschalten. Wie bei den Erweiterungen gibt es auch bei den Layouts – in der Blogsprache Themes genannt – Hunderte kostenlose Vorlagen.

Eine Übersicht aller Themes finden Sie auf der Webseite themes.wordpress.net (ohne „www."). Beim Einsatz international verfügbarer Themes ändert sich mit dem Design aber meist auch die Webseitensprache. Aus *Kategorien* wird auf der Blogseite plötzlich *Categories*. Daher empfiehlt es sich, zunächst nur deutschsprachige Themes einzusetzen. Hier ist die Webseite themes.wordpress-deutschland.org (ohne „www.") die richtige Anlaufstelle.

Welches Design hätten Sie denn gerne? Mehrere Hundert Themes stehen zur Auswahl. Ein Klick auf die Lupe zeigt eine kleine Vorschau.

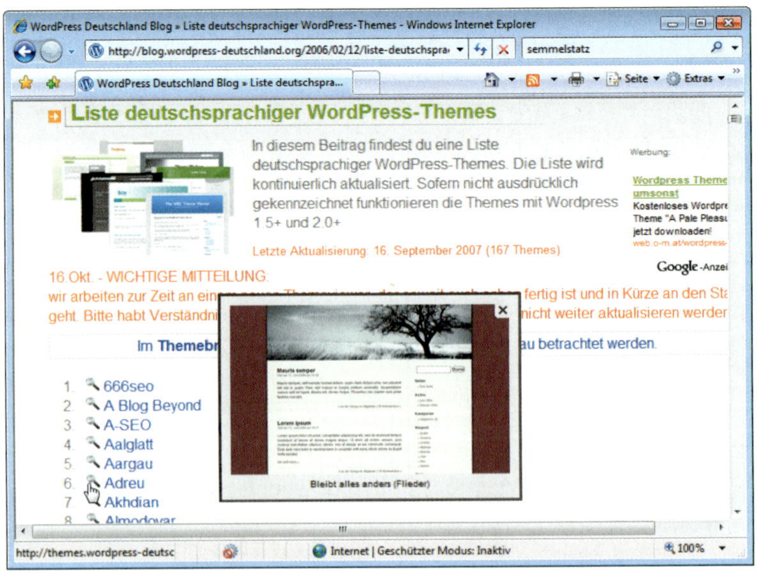

Sie können Ihr Blog um beliebig viele Themes erweitern und dann per Mausklick zwischen den Designs hin- und herschalten. Alle geschriebenen Beiträge, Kategorien und Kommentare bleiben dabei erhalten; sie werden beim Wechsel zu einem anderen Theme nur in einem neuen Design angezeigt.

So geht's:

Um Ihrem WordPress-Blog einen individuellen Anstrich zu verpassen, gehen Sie folgendermaßen vor:

1. Rufen Sie die Webseite themes.wordpress-deutschland.org (ohne „www.") auf, und klicken Sie auf *Liste deutschsprachiger WordPress-Themes*.

2. Klicken Sie auf das Lupensymbol, um eine Vorschau eines Designs einzublenden. Außergewöhnlich sind beispielsweise die Layouts *Vistered Little, MistyLook, WP-Andreas, Cordobo Green Park* und *Ocean Mist*. Klicken Sie auf den Designnamen, um zur Downloadseite des Themes zu gelangen, zum Beispiel auf *Vistered Little*.
3. Folgen Sie der Downloadanweisung auf der Homepage des Theme-Anbieters. Bei *Vistered Little* klicken Sie zum Beispiel auf *Download hier*. Speichern Sie die Downloaddatei. Meist handelt es sich um eine komprimierte Zip-Datei. Entpacken Sie die Zip-Datei in einem beliebigen Ordner auf der Festplatte.

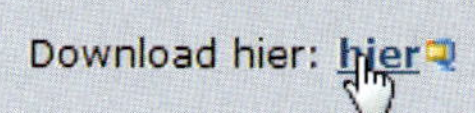

4. Starten Sie ein FTP-Programm wie FileZilla (www.filezilla.de), und stellen Sie eine FTP-Verbindung zu Ihrem Webspeicherplatz her. Wechseln Sie auf Ihrer Homepage in den Unterordner */wp-content/themes*, zum Beispiel in */kanada-tipps/wp-content/themes*.
5. Anschließend kopieren Sie den kompletten Ordner mit den Theme-Dateien von der lokalen Festplatte in den Ordner */themes* Ihres Blogs. Beim Theme *Vistered Little* muss zum Beispiel der Ordner *vistered-little-1* übertragen werden.
6. Sobald die Übertragung abgeschlossen ist, rufen Sie die Konfigurationsseite Ihres WordPress-Blogs auf. Sie erreichen die Seite über den Zusatz *wp-login.php* (Beispiel: www.mirko.de/kanada-tipps/wp-login.php).

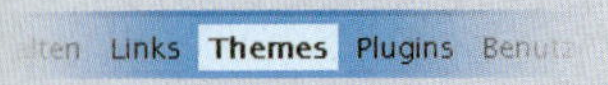

7. Klicken Sie auf *Themes*.
8. Auf der folgenden Seite sind alle Designs aufgeführt, die erfolgreich im Unterordner */wp-content/themes* Ihres Blogs zu finden sind. Klicken Sie im Bereich *Verfügbare Themes* auf das gewünschte Design.

9. Um einen Blick auf das neue Layout zu werfen, klicken Sie auf *Blog ansehen* oder rufen im Browser die Adresse Ihres Blogs auf. Sollte das neue Design nicht zusagen, können Sie im Bereich *Theme* jederzeit wieder zum Standardlayout zurückkehren oder eines der anderen installierten Themes ausprobieren.

Gleiches Blog, neues Design: Mit Themes sieht Ihr Blog plötzlich ganz anders aus. Der Inhalt bleibt aber gleich.

Mit Word und Windows Live Writer bloggen

Zum Verfassen neuer Blogbeiträge verwenden Sie normalerweise die Eingabemaske im Browserfenster. Es geht aber auch komfortabler: Die meisten Blogs können Sie auch über die Textverarbeitung Word (ab Version 2007) oder die Zusatzsoftware Windows Live Writer mit neuen Beiträgen versorgen.

Info

Kein Word 2007 installiert?

Falls auf Ihrem PC noch eine ältere Word-Version installiert ist, müssen Sie auf das Bloggen per Textverarbeitung verzichten. Es gibt aber eine Alternative: Verwenden Sie das kostenlose Zusatzprogramm Windows Live Writer. Weitere Informationen zu diesem Bloggingtool finden Sie im Abschnitt *Bloggen mit dem Windows Live Writer* (→ Seite 83).

Bloggen mit Word 2007

Ab der Version 2007 können Sie mit der Textverarbeitung Word auch bloggen. Sie schreiben Ihre eigenen Beiträge mit Word und veröffentlichen sie per Mausklick auf Ihrer persönlichen Internetseite. Word ist bereits optimal auf die Zusammenarbeit mit den besten und erfolgreichsten Blogsystemen vorbereitet. Von Hause aus unterstützt Word folgende Bloganbieter:

- Windows Live Spaces
- Blogger
- SharePoint
- Communityserver
- TypePad
- WordPress

Sobald Sie sich bei einem Blogdienst wie Blogger angemeldet haben, müssen Sie Word nur noch die Zugangsdaten zu Ihrem eigenen Blog mitteilen. Danach können Sie loslegen und mit Word Ihre ersten Blogbeiträge schreiben.

So geht's:

Gehen Sie folgendermaßen vor, um das eigene Blogkonto in Word einzurichten:

1. Klicken Sie in Word 2007 auf die Office-Schaltfläche, und wählen Sie den Befehl *Neu*.
2. Wählen Sie im Bereich *Leer und zuletzt verwendet* den Eintrag *Neuer Blogbeitrag*, und klicken Sie auf *Erstellen*.
3. Beim ersten Aufruf des Befehls erscheint das Dialogfenster *Blogkonto registrieren*. Klicken Sie hier auf *Jetzt registrieren*.
4. Wählen Sie im nächsten Fenster aus der Liste *Bloghost* den Bloganbieter aus, den Sie für Ihren Blog verwenden, beispielweise *Blogger*. Bestätigen Sie die Auswahl mit *Weiter*.

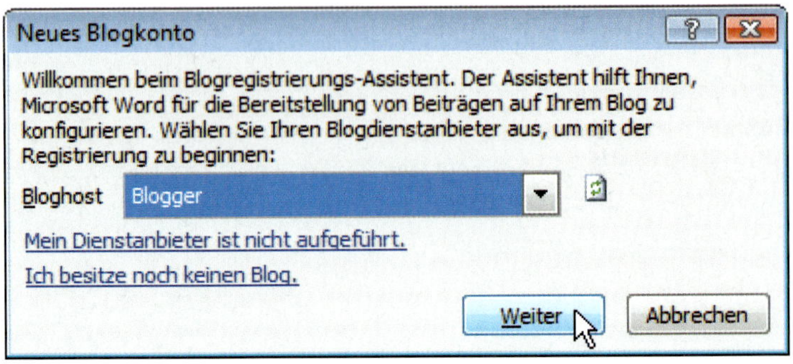

5. Geben Sie in das folgende Fenster Benutzernamen und Kennwort ein, die Sie bei der Einrichtung des Blogs gewählt beziehungsweise erhalten haben. Bei Blogger ist der Benutzernamen in den meisten Fällen Ihre E-Mail-Adresse, etwa die E-Mail-Adresse Ihres Blogger-Kontos.

Tipp

Kennwort speichern macht Sinn.

Es empfiehlt sich, im Anmeldefenster das Kontrollkästchen *Kennwort speichern* anzukreuzen, damit Sie es später beim Schreiben neuer Blogbeiträge nicht immer wieder erneut eingeben müssen.

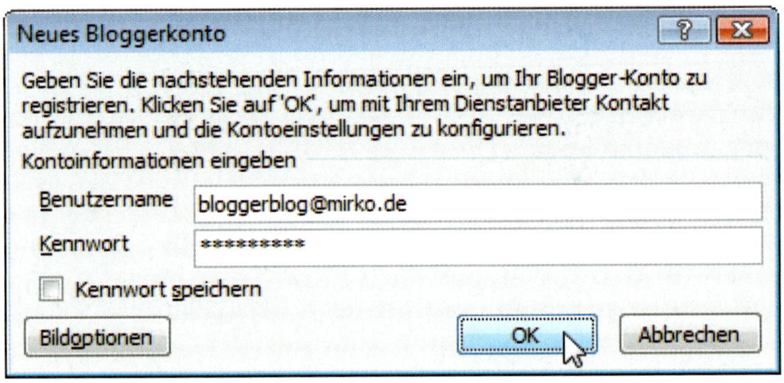

Wenn Sie WordPress als Bloganbieter wählen, erscheint zusätzlich das Feld *URL für Blogbeitrag*. Tragen Sie hier die Webadresse Ihres Blogs, gefolgt von „xmlrpc.php" ein, je nach Konfiguration etwa

http://www.adresse-meines-blogs.de/xmlrpc.php

oder

http://www.adresse-meines-blogs.de/wordpress/xmlrpc.php

Die Datei *xmlrpc.php* ist bei jedem WordPress-Blog vorhanden und später für die Kommunikation mit Word zuständig.
Bei WordPress-Blogs sollten Sie zudem über die Schaltfläche *Bildoptionen* den Eintrag *Mein Blogdienstanbieter* wählen. Dann werden eingefügte Bilder automatisch zu Ihrem WordPress-Blog hochgeladen und korrekt mit dem Blogbeitrag verknüpft.
Bestätigen Sie die Eingabe mit *OK*.

6. Um Blogbeiträge mit Fotos und Grafiken zu schmücken, brauchen

Sie einen Bildanbieter, der für Sie die Fotos und Bilder im Internet speichert. Wenn Sie bei einem der aufgelisteten Bildprovider ein Konto besitzen, wählen Sie den gewünschten Provider aus der Liste aus. Im Zweifelsdall wählen Sie – falls vorhanden – den Eintrag *Mein Blogdienstanbieter*. Bestätigen Sie die Auswahl mit *OK*.
Sie können auch ohne Bildanbieter Blogbeiträge verfassen – dann allerdings ohne Fotos und Grafiken. Wählen Sie in diesem Fall den Eintrag *Kein – Bilder nicht hochladen*.

Word kontaktiert anschließend den Bloganbieter. Sofern alle Zugangsdaten korrekt eingetragen wurden, erscheint das Blog anschließend in der Liste der Blogkonten. Falls Sie über mehrere Blogs verfügen, können Sie über die Schaltfläche *Neu* weitere Blogkonten hinzufügen. Sie erreichen das Dialogfenster *Blogkonten* jederzeit über die Schaltfläche *Konten verwalten*.

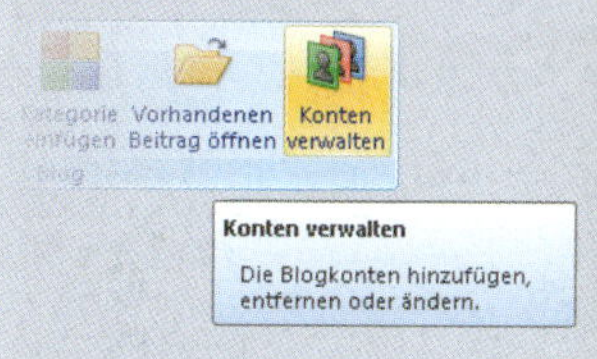

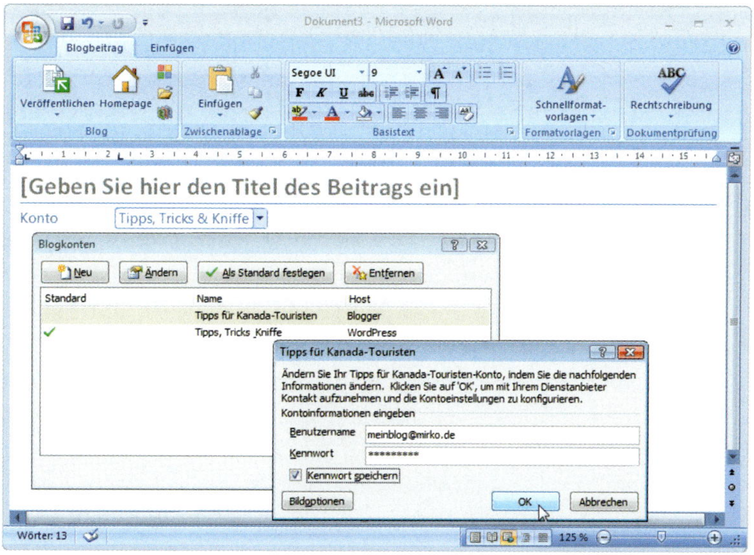

Im Dialogfenster *Blogkonten* können Sie beliebig viele Blogdienste eintragen.

Sobald Ihr Blog in die Liste der Blogkonten eingetragen ist, können Sie Ihrer Kreativität freien Lauf lassen und Ihre Blogbeiträge mit der Textverarbeitung Word schreiben. Das hat enorme Vorteile: So können Sie beim Bloggen beispielsweise die umfangreiche Rechtschreib- und Grammatikkorrektur von Word nutzen, bequem Tabellen einfügen oder Farbvorlagen verwenden.

So geht's:

Neue Blogbeiträge sind mit Word 2007 schnell geschrieben. Dabei stehen im Prinzip die gleichen Funktionen wie bei normalen Briefen zu Verfügung. Lediglich einige spezielle Blogfunktionen kommen neu hinzu. Gehen Sie wie folgt vor:

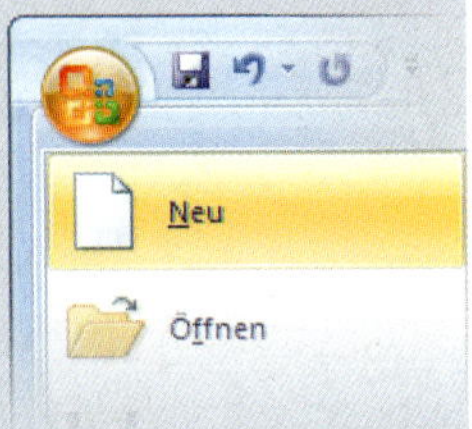

1. Klicken Sie zunächst auf die Office-Schaltfläche, und wählen Sie den Befehl *Neu*.
2. Markieren Sie im Bereich *Leer und zuletzt verwendet* den Eintrag *Neuer Blogbeitrag*, und klicken Sie auf *Erstellen*.
3. Jetzt können Sie losbloggen. Klicken Sie auf *Geben Sie hier den Titel des Beitrags ein*, und tragen Sie eine passende Überschrift ein.
4. Im nächsten Schritt sollten Sie die Kategorie für den Beitrag auswählen. Hierzu klicken Sie zunächst auf die Schaltfläche *Kategorie einfügen*. Im Bearbeitungsfenster erscheint daraufhin ein Auswahlfeld *Kategorie*, das eine Liste aller in Ihrem Blog eingerichteten Kategorien und Unterkategorien enthält. Klicken Sie auf *Wählen Sie eine Kategorie aus* oder geben Sie eine neue ein. Falls Sie einen neuen Kategorienamen eingeben. legt Word daraufhin beim Veröffentlichen des Beitrags eine neue Blogkategorie für Sie an.

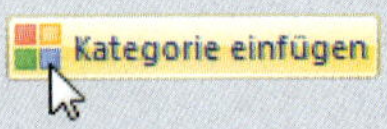

5. Geben Sie anschließend den gewünschten Text für Ihren Blogbeitrag ein. Dabei können Sie auf alle Komfortfunktionen von Word zurückgreifen, Textpassagen beispielsweise fett oder in einer größeren Schriftart formatieren oder die Rechtschreibprüfung verwenden. Sofern ein Bildanbieter eingerichtet ist, können Sie Ihren Blogbeitrag über den Befehl *Einfügen | Grafik* auch mit Bildern schmücken.
6. Sobald der Blogbeitrag fertig ist, müssen Sie ihn nur noch auf Ihrer Webseite veröffentlichen. Klicken Sie hierzu auf die Schaltfläche *Veröffentlichen*.
   Möchten Sie ihn lediglich als Entwurf im Blog speichern und nicht für jedermann sichtbar machen, klicken Sie auf den Pfeil unterhalb der Schaltfläche *Veröffentlichen* und wählen den Befehl *Als Entwurf veröffentlichen*.

Word stellt anschließend eine Verbindung zu Ihrem Blog her und veröffentlicht den aktuellen Beitrag. Mit einem Mausklick auf die Schaltfläche *Homepage* können Sie auch gleich den Internet Explorer starten und Ihre Blogseite aufrufen.

Word eignet sich nicht nur zum Schreiben neuer Blogbeiträge. Sie können damit auch bequem Ihre bestehenden Beiträge bearbeiten. Überprüfen Sie beispielsweise mit der Rechtschreibprüfung von Word die Orthografie Ihrer bisher veröffentlichten Blogbeiträge.

Mit der Blogfunktion von Word können Sie beim Bloggen auf alle Komfortfunktionen der Textverarbeitung zurückgreifen.

So geht's:

Um bestehende Beiträge zu editieren, gehen Sie wie folgt vor:

1. Sollte Word sich noch nicht im Bearbeitungsmodus für Blogs befinden, klicken Sie zunächst auf die Office-Schaltfläche, und rufen Sie den Befehl *Neu* auf. Wählen Sie anschließend *Neuer Blogbeitrag*, und klicken Sie auf *Erstellen*.
2. Klicken Sie auf die Schaltfläche *Vorhandenen Beitrag öffnen*.
3. Es erscheint eine Liste aller bisher veröffentlichten Blogbeiträge, darunter auch alle Beiträge, die Sie nicht mit Word, sondern auf herkömmliche Weise geschrieben haben. Wählen Sie den gewünschten Beitrag aus, und klicken Sie auf *OK*.
4. Word öffnet den Blogbeitrag anschließend zur Bearbeitung. Nehmen Sie die gewünschten Änderungen vor, und klicken Sie auf *Veröffentlichen*. Die Änderungen werden daraufhin auch online in Ihrem Blog vorgenommen.

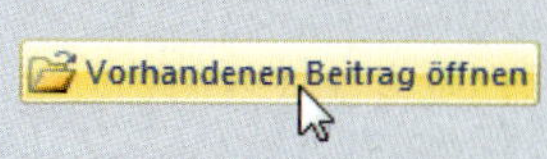

Bloggen mit dem Windows Live Writer

Die Blogfunktion wurde erst ab der Version 2007 in die Textverarbeitung Word integriert. Falls Sie nur über eine ältere Word-Version verfügen, können Sie als Alternative den Windows Live Writer verwenden. Microsoft stellt die Blogsoftware kostenlos zur Verfügung.

So geht's:

Um das Gratistool Windows Live Writer zu installieren und einzurichten, gehen Sie folgendermaßen vor:

1. Rufen Sie die Webseite get.live.com/writer/overview (ohne „www.") auf, und klicken Sie auf *Jetzt herunterladen*.
2. Klicken Sie im Downloadfenster auf *Ausführen*, um direkt nach dem Download mit der Installation zu beginnen. Folgen Sie den Anweisungen des Assistenten, um die Installation abzuschließen.
3. Wählen Sie anschließend im Einrichtungsassistent die Option *Ich verfüge bereits über einen Weblog*, und bestätigen Sie mit *Weiter*.

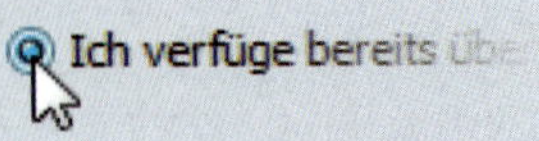

4. Wählen Sie im nächsten Fenster Ihren Bloganbieter. Falls der Anbieter nicht aufgeführt ist – zum Beispiel bei Blogger- oder WordPress-Blogs –, entscheiden Sie sich für *Anderer Weblogdienst*.
5. Im nächsten Fenster tragen Sie die Internetadresse Ihres Blogs sowie die Zugangsdaten ein.
6. Windows Live Writer richtet anschließend das Programm ein. Klicken Sie auf *Fertig stellen*, um die Installation abzuschließen.

Das Schreiben neuer Blogbeiträge ist mit dem Windows Live Writer so einfach wie mit einer Textverarbeitung, der Text lässt sich nach Belieben gestalten. Auch das Einfügen von Tabellen, Grafiken und Videos ist mühelos möglich. Sobald der Blogbeitrag fertig ist, genügt ein Klick auf *Veröffentlichen*, um ihn im eigenen Blog erscheinen zu lassen.

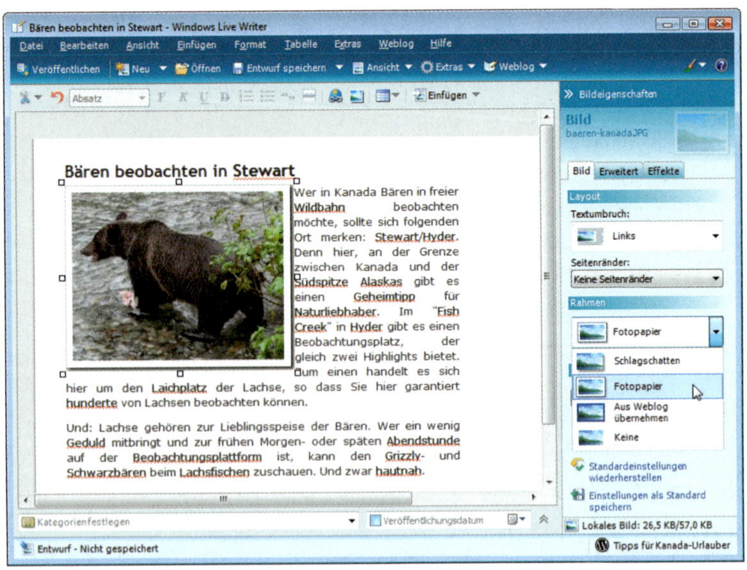

Mit dem Windows Live Writer lässt sich das eigene Blog besonders einfach mit neuen Beiträgen füttern.

Kapitel 4

Das eigene Wiki

Das eigene Wiki

Von Wikipedia hat jeder schon einmal gehört: Das Onlinelexikon lebt vom Mitmachen. Jeder kann Lexikoneinträge hinzufügen und bestehende Artikel überarbeiten oder über Artikel diskutieren. Das Konzept hat eine Menge Vor- und Nachteile. Wer mag, kann das Grundprinzip von Wikipedia übernehmen und ein eigenes Lexikon – Wiki genannt – ins Netz stellen. Das muss nicht mal unbedingt ein Lexikon sein. So ein Wiki eignet sich auch für Firmen, Vereine, Interessensgemeinschaften oder um einfach nur Kochrezepte oder Tipps zur Gartenarbeit zu sammeln. Der Fantasie sind keine Grenzen gesetzt.

Das Prinzip Wiki

Das Wort Wiki stammt aus dem Hawaiianischen und bedeutet so viel wie „schnell". Das trifft zwar das Grundprinzip der Wikis nicht auf den Punkt, vermittelt aber eine der wichtigsten Eigenschaften von Wikis: den schnellen Zugriff auf Informationen.

Wikis gibt es seit 1994, als Softwareentwickler Ward Cunningham vor einem Problem stand: Im Internet gab es in Newsgroups, in Foren und auf Webseiten jede Menge Informationen – eigentlich zu viele davon, und vieles mehrfach vorhanden, nicht selten sogar falsch oder widersprüchlich. In diesem Sammelsurium verlässliche Informationen aufzufinden, glich einer Sisyphusarbeit.

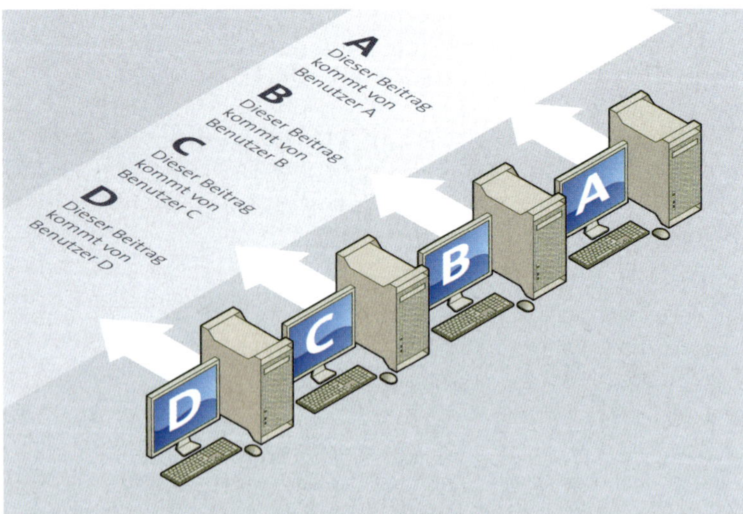

Das Wiki-Prinzip ist einfach: Jeder kann mitmachen, neue Beiträge einstellen und bestehende ergänzen oder löschen. Dabei merkt sich das Wiki, wer wann welche Änderungen durchgeführt hat.

Um Ordnung in das Informationschaos zu bringen, entstand die Idee einer Datenbank mit einem einfachen Grundprinzip: In einer online verfügbaren Wissensdatenbank kann jeder Benutzer eigene Informationen einstellen – nach Stichworten sortiert. Mehr noch: Jeder kann bestehende Einträge überarbeiten und teilweise oder komplett löschen. Das Ergebnis ist ein Lexikon, das von Internetnutzern selbst erstellt und gepflegt wird. Und damit alles in geregelten Bahnen abläuft, bleibt jederzeit nachvollziehbar, wer wann welche Änderungen an bestehenden Einträgen vorgenommen hat.

Die wichtigsten Merkmale eines Wikis

Wie Blogs verfügen auch Wikis über eine Reihe charakteristischer Merkmale. In jedem Wiki finden Sie folgende Funktionen:

- **Einheitlicher Seitenaufbau**
  Die Grundstruktur eines Wiki-Beitrags ist meist gleich. Nach einer kurzen Einführung folgen – bei längeren Artikeln – ein kleines Inhaltsverzeichnis, eine Übersichtstabelle und anschließend die einzelnen Abschnitte des Beitrags.

- **Verlinkung zu anderen Wiki-Beiträgen**
  Innerhalb eines Wiki-Artikels gibt es meist eine Reihe von Querverweisen zu anderen Wiki-Beiträgen. Per Mausklick auf die blau unterstrichenen Links gelangen Sie direkt zum jeweiligen Artikel.

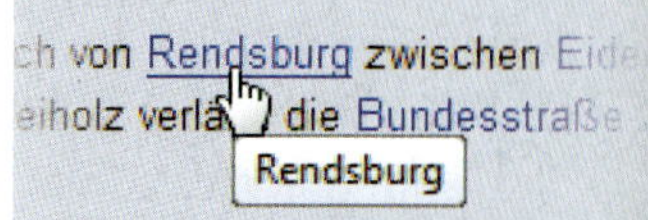

- **Bearbeitungsfunktion**
  Wiki-Seiten können jederzeit und von jedermann bearbeitet werden. Hierzu gibt es ganz oben einen Link *Seite bearbeiten* sowie rechts neben jeder Überschrift einen Button *Bearbeiten*. Damit gelangen Sie in den Bearbeitungsmodus und können den bisherigen Inhalt ergänzen, korrigieren oder löschen. Alle vorgenommenen Änderungen werden in der Versionshistorie gespeichert und sind

für jedermann einsehbar; sie lassen sich auch von anderen Nutzern wieder rückgängig machen. Bei einigen Wikis ist das Bearbeiten erst nach einer Registrierung möglich.

- **Versionshistorie**
  Die Versionshistorie arbeitet wie ein Logbuch. Hier sind in chronologischer Reihenfolge alle Änderungen und Ergänzungen eines Artikels aufgeführt. Über die Schaltfläche *Gewählte Versionen vergleichen* lassen sich zwei Versionen nebeneinander anordnen und vorgenommene Änderungen ganz leicht identifizieren.

- **Diskussionen über einen Beitrag**
  Änderungen an einer bestehenden Version werden nicht immer kommentarlos akzeptiert. Oft gibt es hitzige Diskussionen um die Änderungen, meist geht es um den Wahrheitsgehalt einer Aussage, fehlende Quellenangaben oder unterschiedliche Standpunkte. Über den Link *Diskussion* können Sie den aktuellen Stand der Diskussion einsehen und über die Plusschaltfläche eigene Kommentare hinzufügen.

Info

Wann Wiki, wann nicht?

Wikis bieten eine Menge interessanter Funktionen, die Sie auch für die eigene Webseite nutzen können. Stellt sich nur die Frage, wann ein Wiki eingesetzt werden sollte und wann besser ein Blog oder eine klassische Homepage. Ein Wiki ist immer dann sinnvoll, wenn viele Benutzer – etwa Mitarbeiter, Freunde, Vereinsmitglieder – die Webseite gemeinsam mitgestalten und vorgenommene Änderungen auch im Nachhinein noch nachvollziehbar sein sollen. Wie Sie ein eigenes Wiki einrichten, erfahren Sie im Abschnitt *Ein eigenes Wiki ins Leben rufen* (→ Seite 96).

Diese Wikis sollten Sie kennen

Um mit den Grundfunktionen eines Wikis vertraut zu werden, lohnt ein Abstecher in die Welt der Wikis. Einen guten Gesamtüberblick erhalten Sie auf der Webseite www.wikiservice.at/gruender/wiki.cgi?WikiVerzeichnis. Hier finden Sie alle wichtigen Wikis, sortiert nach Sprache und Themengebiet. Ebenfalls empfehlenswert, allerdings in englischer Sprache, ist das IndexWiki (www.wikiindex.com) mit einer Übersicht von knapp 3 700 interessanten Wiki-Projekten.

Übrigens: Wenn Sie eine kleine Tour durch die Wiki-Welt unternehmen möchten, sollten Sie den Links des *TourBus* folgen. Hier werden Sie – wie bei einer virtuellen Busreise – Stück für Stück zu interessanten Wikis geleitet.

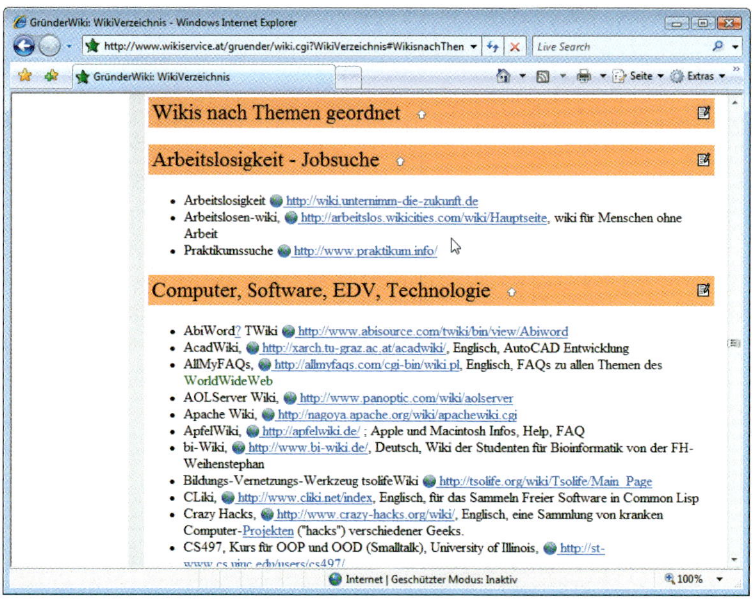

Im GründerWiki-Wikiverzeichnis (www.wikiservice.at/gruender/wiki.cgi?WikiVerzeichnis) finden Sie keine schöne, dafür aber sehr gut gepflegte Übersicht der wichtigsten Wikis.

Das große Vorbild: Wikipedia

Die wichtigste und erfolgreichste Internetseite nach dem Wiki-Prinzip ist Wikipedia (de.wikipedia.org, ohne „www.“). Wikipedia ist ein riesiges Mitmachlexikon. Es gibt keine zentrale Verwaltungsstelle oder Redaktion, sondern jeder kann eigene Fachbeiträge einstellen oder bestehende Beiträge korrigieren. Tausende ehrenamtliche Autoren – in Deutschland knapp 7 000 – erweitern und pflegen das Lexikon. Das hat Vor- und Nachteile. Mit knapp 700 000 Artikeln bietet Wikipedia eine enorme Themenvielfalt. Die Qualität der Fachbeiträge ist zwar durchweg gut, mitunter müssen Sie jedoch mit fehlerhaften oder manipulierten Einträgen rechnen. Das kommt jedoch zum Glück nur selten vor und wird von den freiwilligen Mitarbeitern rasch korrigiert. Wie Sie selbst bei Wikipedia mitmachen und eigene Beiträge einstellen, erfahren Sie im Abschnitt *Mitmachen bei Wikipedia und Co.* (→ Seite 92).

Hier darf gelacht werden: Kamelopedia und Co.

Auch der Humor kommt bei Wikis nicht zu kurz. Kamelopedia (www.kamelopedia.mormo.org) ist Parodie in Höchstform. In über 10 000 nicht ganz erst gemeinten Artikeln geht es um Parodien, Satiren, Wortspielereien und gepflegten Nonsens. Gefüttert wird die Satireseite von über 2 000 Benutzern, in Kamelopedia treffenderweise Kamele genannt. Auch wenn es bei Kamelopedia nicht ganz ernst zugeht, spielt die Qualitätssicherung wie beim Vorbild Wikipedia eine große Rolle. Auch hier werden schlechte Artikel gelöscht und besonders gute Beiträge gekennzeichnet.

Info

Das erste Wiki

Übrigens: Das erste Wiki der Welt gibt es noch immer. Das Portland Pattern Repository (www.c2.com) wurde von Ward Cunningham, dem Schöpfer der Wiki-Idee, 1995 als Wissenssammlung und Forum zu Software-Entwurfsmustern (Design Patterns) ins Netz gestellt.

Das größte Onlinelexikon Wikipedia arbeitet besonders erfolgreich nach dem Wiki-Prinzip. Allein für die deutsche Ausgabe haben Internetnutzer knapp 700 000 Lexikoneinträge verfasst. Die englische Ausgabe (www.wikipedia.org) bringt es sogar auf über zwei Millionen Beiträge.

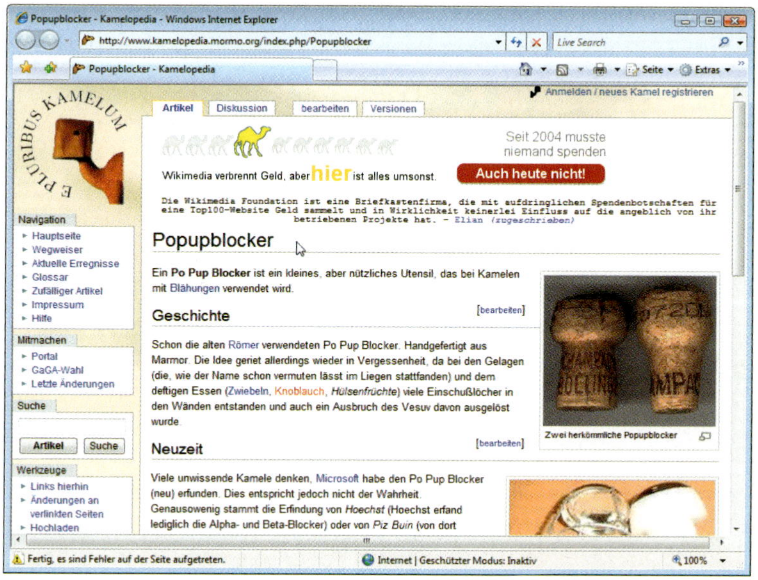

Ein Popupblocker, mal anders erklärt. Solche und über 10 000 weitere humorvolle „Lexikon"-Einträge finden Sie im Satire-Wiki Kamelopedia (www.kamelopedia.mormo.org).

Neben Kamelopedia gibt es weitere gut gemachte Satire-Wikis. Stupipedia (www.stupidedia.org), die „Enzyklopädie ohne Sinn" wurde 2004 vom österreichischen Satirikerduo Übel & Trost gegründet und umfasst über 14 000 Artikel. International sehr erfolgreich ist die Nonsensseite Uncyclopedia (www.uncyclopedia.org) mit knapp 25 000 amüsanten Beiträgen.

Ein Wiki für Reiselustige: Wikitravel

Rund um das Thema Reisen dreht es sich beim Wikitravel unter der Adresse www.wikitravel.org. Hier finden Sie über 4 000 Artikel zu Kontinenten, Ländern, Regionen, Städten und anderen Reisezielen in aller Welt. Wie bei Wikis üblich, werden die Reisetipps nicht zentral von einer Redaktion, sondern von normalen Internetnutzern geschrieben. Der Vorteil: Die Beiträge verzichten auf den Blick durch die rosarote Werbebrille und informieren objektiv über Reiseziele und Geheimtipps.

world66 | the travel guide you write

International gehört World66 (www.world66.com) zu den beliebtesten Onlinereiseführern im Wiki-Format. Hier gibt es – allerdings nur in englischer Sprache – über 70 000 Artikel zu knapp 14 000 Reisezielen. Bei beiden Onlinereiseführern gilt: Neue Reiseberichte sind jederzeit willkommen.

Bei Wikitravel (www.wikitravel.org) schreiben Hunderte reiselustige Internetnutzer eigene Reiseberichte und geben Tipps zu Reisezielen weltweit.

Mitmachen bei Wikipedia und Co.

Wikis leben vom Mitmachen. Das Erfolgsgeheimnis von Wikipedia und anderen großen Wikis sind die Beiträge der Nutzer. Jeder kann mitmachen und das Lexikon erweitern. Je mehr mitmachen, umso schneller wächst das Wiki.

Mitmachen bei Wikipedia

Im Onlinelexikon Wikipedia fehlt Ihnen ein Eintrag? Oder ein Beitrag ist zu oberflächlich und sollte ergänzt werden? Kein Problem: Greifen Sie selbst zur Tastatur, und schreiben Sie Ihre eigenen Lexikoneinträge oder füllen Lücken in anderen.

So geht's:

Um bei Wikipedia mitzumachen, gehen Sie folgendermaßen vor:

1. Zunächst sollten Sie sich mit dem Editor und einigen Grundregeln bei Wikipedia vertraut machen. Dazu gibt es die Wikipedia-Spielwiese. Hier können Sie nach Lust und Laune alles ausprobieren, bevor Sie einen echten Lexikonbeitrag erstellen oder bearbeiten.

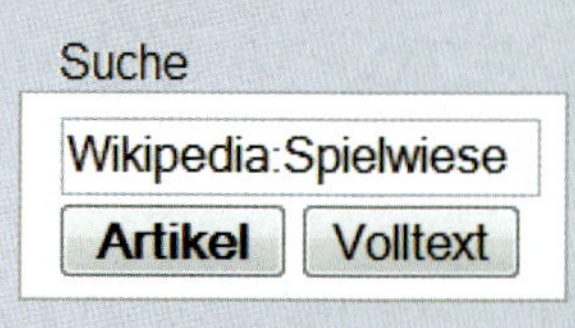

Die Spielwiese erreichen Sie, indem Sie im Suchfenster von Wikipedia (de.wikipedia.org, ohne „www.") den Suchbegriff „Wikipedia:Spielwiese" eingeben und auf *Artikel* klicken.

2. Klicken Sie auf *Seite bearbeiten*.
3. Im Bearbeitungsfenster geben Sie anschließend die gewünschten Ergänzungen ein. Keine Sorge: Sie können hier nichts falsch machen oder gar Teile der Wikipedia-Seite zerstören. Die Spielwiese ist zum Ausprobieren aller Bearbeitungsfunktionen da.

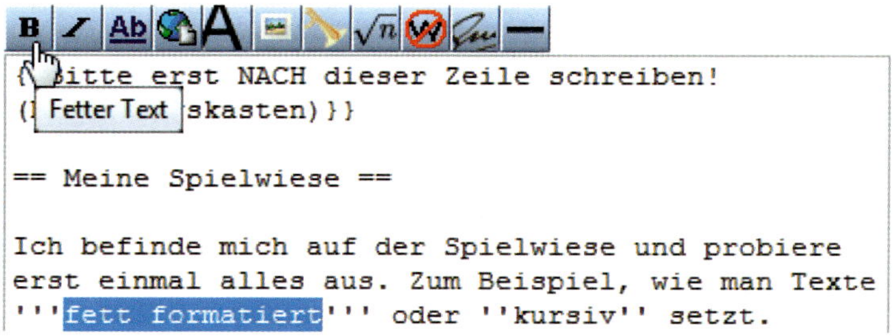

Zum Formatieren des Textes, etwa für Fett- oder Kursivschrift, verwenden Sie die Schaltflächen der kleinen Symbolleiste. Die Formatierungen werden im Editor nicht direkt angezeigt, sondern durch bestimmte Zeichenfolgen angezeigt. Ein kursiver Text erscheint beispielsweise mit zwei einfachen Anführungszeichen ('), drei Anführungszeichen stehen für fette Schrift. Die Überschrift wird durch zwei Gleichheitszeichen gekennzeichnet.

Ein wichtiges Grundprinzip von Wikis ist die Verlinkung der Wiki-Artikel untereinander, bei einem Lexikon beispielsweise der Verweis auf andere Lexikoneinträge. Um zu einem anderen Artikel im gleichen Wiki zu verweisen, müssen Sie den Titel der jeweiligen Seite in doppelte eckige Klammern setzen, zum Beispiel *[[Köln]]* oder *[[Deutscher Fußball-Bund]]*. Wichtig ist dabei, den exakten Titel der Seite zu verwenden. Möchten Sie den Link im Text anders nennen, setzen Sie die gewünschte Bezeichnung dahinter. Der Link *[[Bundesliga|Fußballbundesliga]]* führt zum Artikel *Bundesliga*, im Text erscheint jedoch *Fußballbundesliga*. Im fertigen Artikel können Leser dann per Mausklick direkt zum jeweiligen Querverweis springen.

Möchten Sie einen Verweis zu einer externen Webseite platzieren, geben Sie einfach die komplette Adresse inklusive „http://" ein, zum Beispiel „http://www.test.de". Optional können Sie statt der kryptischen Adresse auch eine individuelle Linkbezeichnung verwenden. Dann müssen Sie den Link in eckige Klammern setzen und zusätzlich den gewünschten Linknamen eingeben, etwa in der Form *[http://www.test.de Stiftung Warentest]*. Im Text erscheint dann statt der Adresse die Linkbezeichnung.

Info

Der Wiki-Editor kann noch mehr.

Das Formatieren von Überschriften, Texten und Links gehört zu den wichtigsten Aufgaben beim Verfassen eigener Wiki-Beiträge. Der Wiki-Editor kann aber noch mehr. Auch Tabellen, Farben, Sonderzeichen, mathematische Formeln und Inhaltsverzeichnisse sind mit speziellen Formatierungen möglich. Eine ausführliche Beschreibung würde jedoch den Rahmen dieses Buches sprengen. Weitere Informationen zur individuellen Textgestaltung bei Wikipedia finden Sie auf der Wiki-Seite de.wikipedia.org/wiki/Hilfe:Bearbeiten (ohne „www.“).

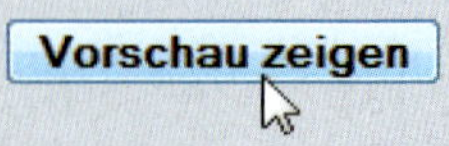

4. Klicken Sie am unteren Ende der Eingabemaske auf *Vorschau anzeigen*, um den Text so darzustellen, wie er später in Wikipedia aussehen wird.
5. Möchten Sie den Artikel beziehungsweise die vorgenommenen Änderungen veröffentlichen, klicken Sie auf die Schaltfläche *Seite speichern*.

Auf der Wikipedia-Spielwiese können Sie alle Bearbeitungsfunktionen des Wikis ausprobieren.

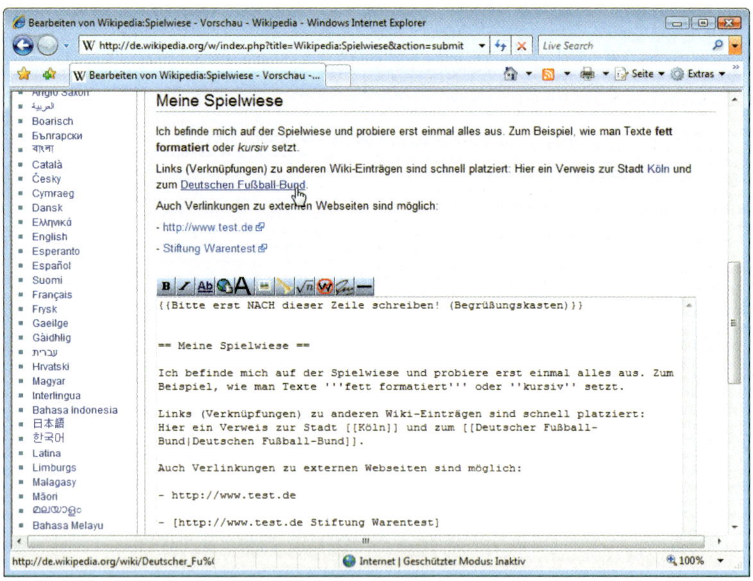

Zum Ausprobieren ist die Wikipedia-Spielwiese ideal. Sobald Sie sich mit den wichtigsten Formatierungsfunktionen auskennen, können Sie sich auch an neue Wikipedia-Artikel wagen oder bestehende Beiträge bearbeiten. Die Vorgehensweise ist immer gleich: Klicken Sie auf *Seite bearbeiten* oder neben den Überschriften auf *Bearbeiten*, und nehmen Sie im Bearbeitungsfenster die gewünschten Eintragungen vor. Alle Änderungen an einem Artikel können Sie über den Link *Versionshistorie* nachverfolgen – auch Ihre eigenen.

Tipp

So sehen gute Artikel aus.

Die wichtigsten Grundregeln für „gute" Artikel sind auf der Webseite de.wikipedia.org/wiki/Wikipedia:Formatierung (ohne „www.") zusammengefasst. Hier erhalten Sie eine Menge Tipps, wie Sie einen neuen Lexikoneintrag beginnen und optimal aufbauen.

Übrigens: Auf der Seite de.wikipedia.org/wiki/Wikipedia:Exzellente_Artikel (ohne „www.") finden Sie alle Artikel, die von der Wikipedia-Gemeinde als besonders lesenswert ausgezeichnet wurden. Verwenden Sie diese Artikel als Vorbild für Ihre eigenen Lexikoneinträge.

Änderungen und Neueinträge sind bei Wikipedia grundsätzlich auch ohne Registrierung möglich; Wikipedia speichert dann lediglich die IP-Adresse Ihres Computers. Wenn Sie regelmäßig bei Wikipedia mitmachen, sollten Sie aber besser ein Benutzerkonto anlegen. Damit können Sie Ihre Artikel „unterschreiben" und sich in der Wikipedia-Gemeinde im wahrsten Sinne des Wortes einen Namen machen.

Die Anmeldung ist kostenlos und schnell erledigt: Klicken Sie in der rechten oberen Ecke des Wikipedia-Fensters auf *Anmelden* sowie auf *Hier legst du ein Konto an*, und füllen Sie das Anmeldeformular aus. Bevor Sie einen Wikipedia-Artikel schreiben, sollten Sie sich über den Link *Anmelden* zuerst bei Wikipedia einloggen und erst dann loslegen.

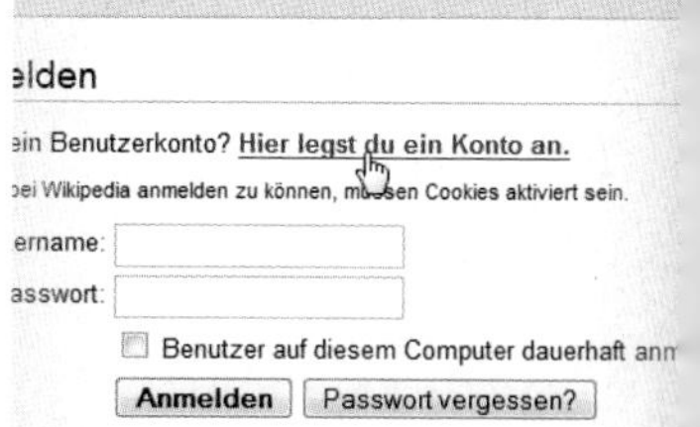

Häufige Fragen rund um die Anmeldung werden ausführlich auf der Hilfeseite de.wikipedia.org/wiki/Wikipedia:Betreuung_neuer_Wikipedianer (ohne „www.") beantwortet. Ein Autorenportal mit Tipps und Ratschlägen für neue Autoren gibt es auf der Seite de.wikipedia.org/wiki/Wikipedia:Autorenportal (ohne „www.").

Wichtige Grundregeln für Wiki-Autoren

Wenn im Wiki jeder alles darf, und das auch noch ohne erkennbaren Namen, stellt sich die Frage, wie der hohe Qualitätsstandard eines Onlinelexikons wie Wikipedia gewährleistet werden kann. Schließlich können „Vandalen" jede Seite verfälschen, mit Falschinformationen füttern oder löschen.

Die Antwort ist einfach: Das Wiki überwacht sich selbst. Da in der Versionshistorie alle Veränderungen minutiös festgehalten werden – inklusive Benutzername oder IP-Adresse –, lässt sich leicht nachverfolgen, wer wann was mit einem Artikel angestellt hat. Stellen ande-

Tipp

Mitmachen bei Meyers Lexikon

Wikipedia ist nicht das einzige Onlinelexikon, bei dem Sie mitmachen können. Auch bei Meyers Lexikon online (lexikon.meyers.de, ohne „www.“), der Onlinevariante der gedruckten Enzyklopädie, können Sie eigene Aktualisierungen oder Ergänzungen einbringen. Im Unterschied zu Wikipedia werden hier alle Vorschläge zunächst von der Onlineredaktion geprüft, ehe sie veröffentlicht werden.

re Benutzer oder die Administratoren Vandalismus fest, wird einfach eine frühere Version des Artikels wiederhergestellt. Das funktioniert trotz der riesigen Menge von mehreren Hunderttausend Artikeln sehr gut.

Wer bei Wikipedia mitmacht, sollte daher einige wichtige Grundsätze beachten, damit die eigenen Artikel und Änderungen auch dauerhaft bestehen bleiben und von der Wikipedia-Gemeinschaft akzeptiert werden. Beachten Sie beim Veröffentlichen folgende Grundregeln:

- **Enzyklopädie und kein Blog**
  Die Webseite Wikipedia ist eine Enzyklopädie und darf nicht für andere Zwecke missbraucht werden. Wikipedia sollte nicht als Werbeplattform, zur Selbstdarstellung, als Gerüchteküche oder persönlicher Blogersatz dienen. Auch als Veranstaltungskalender, Linksammlung oder Fanseite ist Wikipedia nicht geeignet. Dafür gibt es Blogs und persönliche Homepages.

- **Sachlich und neutral bleiben**
  Gute Wikipedia-Artikel zeichnen sich durch einen objektiven und neutralen Schreibstil aus. Zu flapsig formulierte oder emotional geprägte Beiträge werden schnell wieder von anderen Autoren gelöscht oder korrigiert.

- **Keine fremden Inhalte kopieren**
  Das Urheberrecht gilt auch bei freien Enzyklopädien wie Wikipedia. Alle veröffentlichten Texte müssen selbst verfasst sein und dürfen keine urheberrechtlich geschützten Elemente enthalten. Auch Bilder, Landkarten und Listen dürfen keine Urheberrechte fremder Autoren verletzen. Weitere Informationen zum Urheberrecht und anderen Stolpersteinen finden Sie im Kapitel *Achtung: Juristische Fallstricke* (→ Seite 161).

Ein eigenes Wiki ins Leben rufen

So ein Wiki nach dem Vorbild von Wikipedia ist eine tolle Sache. Jeder kann mitmachen, neue Beiträge sind schnell erstellt, und durch die Verlinkung untereinander entsteht in Windeseile ein Netzwerk nützlicher Informationen. Die Vorzüge des Wiki-Prinzips können Sie auch für die eigene Webseite nutzen. Ein eigenes Wiki eignet sich vor allem für folgende Zwecke:

- **Fürs Büro**
  Besonders beliebt sind Wikis in Unternehmen und Betrieben. Dort kommt es oft als Plattform zur innerbetrieblichen Organisation zum Einsatz. Sowohl Geschäftsführung als auch Mitarbeiter können hier Firmeninformationen verwalten, Geschäftsabläufe skizzieren oder Dokumentationen hinterlegen. Über die Wiki-Benutzerkonten und die Versionshistorie sind Änderungen und Ergänzungen für jedermann sichtbar und nachvollziehbar.

- **Für den Verein**
  Auch in Vereinen, Clubs und Hobbygruppen haben sich Wikis als ideale Internetplattform etabliert. Jedes Vereins- oder Clubmitglied kann über das Wiki-Benutzerkonto mitreden und die Webseite mitgestalten.

- **Für zu Hause**
  Auch für den privaten Gebrauch sind Wikis oft eine gute Lösung, zum Beispiel als Rezeptsammlung oder Wissensdatenbank. Dabei gilt: Je komplexer und verzahnter ein Thema ist – etwa Rezepte aus aller Welt oder ein privater Gartenratgeber –, umso besser lassen sich die Vorteile des Wiki-Prinzips nutzen.

Generell gilt: Ein Wiki ist immer dann sinnvoll, wenn die Artikel möglichst leicht miteinander verknüpft, alle vorgenommenen Änderungen lückenlos dokumentiert werden sollen und mehrere Autoren an den Inhalten mitarbeiten möchten.

Wer ein eigenes Wiki ins Leben rufen will, hat zwei Möglichkeiten: Wenn es schnell und unkompliziert gehen soll, verwenden Sie einen Wiki-Provider. Hier erhalten Sie ein fertig konfiguriertes Wiki „von der Stange" und können direkt loslegen – für kleinere Projekte ideal. Legen Sie jedoch Wert auf Individualität und Flexibilität, sollten Sie sich für ein echtes eigenes Wiki entscheiden. Hier haben Sie alles selbst in der Hand. Aussehen, Funktionen und Erweiterungen lassen sich beliebig ändern beziehungsweise ergänzen. Allerdings erfordert diese Wiki-Variante auch mehr Aufwand bei der Installation und Einrichtung.

Wikis von Wiki-Anbietern

Wenn Sie ohne großen Aufwand Ihre erste eigene Wiki-Seite ins Web stellen möchten, sollten Sie zu Wiki-Providern greifen. Die Anbieter stellen Ihnen ein fertig eingerichtetes Wiki zur Verfügung, das Sie nur noch mit Inhalt füllen müssen. Besonders schnell und einfach ist die Anmeldung auf der Seite www.gratis-wiki.com. Hier erhalten Sie kostenlos ein eigenes Wiki nach dem Vorbild von Wikipedia. Einziger Nachteil: In Ihrem Gratis-Wiki wird automatisch Werbung eingeblendet, über die der Anbieter den kostenlosen Service finanziert.

Neben gratis-wiki.com gibt es weitere Anbieter fertiger Wiki-Systeme. Die kommerziell angebotenen Wikis sind zwar meist frei von Werbeeinblendungen, kosten aber pro Monat zwischen 9 und 20 Euro. Zu den bekanntesten Anbietern gehören:

- **Wikiservice.at**
  www.wikiservice.at
  Private Wikis mit bis zu 300 Seiten kosten 15 Euro pro Monat. Die Profiversionen mit Zugangsbeschränkung, individuellem Layout und mehr Konfigurationsmöglichkeiten kosten zwischen 20 und 580 Euro monatlich.

- **Wikiwikiweb.de**
  www.wikiwikiweb.de
  Private Wikis für gemeinnützige und nichtkommerzielle Projekte gibt es kostenlos, ansonsten sind zwischen 10 und 40 Euro pro Monat fällig.

- **Wikidev.net**
  www.wikidev.net
  Wikidev verwendet die gleiche Wiki-Software wie Wikipedia. Ein Wiki mit 3 GB Speicherplatz und 5 GB Datentransfer pro Monat kostet – inklusive eigener Internetadresse – 12,93 Euro pro Monat.

Ein Wiki bei gratis-wiki.com

Der Name ist Programm: Bei gratis-wiki.com erhalten Sie ein eigenes Wiki kostenlos. Ein weiterer Vorteil: Zum Einsatz kommt dieselbe Wiki-Software wie beim Vorbild Wikipedia, Aussehen und Bedienung sind identisch.

So geht's:

Gehen Sie folgendermaßen vor, um ein eigenes Wiki beim Anbieter gratis-wiki.com einzurichten:

1. Rufen Sie die Webseite www.gratis-wiki.com auf, und klicken Sie auf *Mitmachen*.

2. Füllen Sie das Onlineformular aus, und klicken Sie auf *Absenden*.
3. Nach wenigen Minuten erhalten Sie eine Bestätigungsmail mit den wichtigsten Daten Ihres neuen Wikis, darunter auch die Internetadresse. Wenn Sie als Wiki-Namen zum Beispiel *Kanada-Tipps* gewählt haben, ist Ihr Wiki über die Internetadresse www.gratis-wiki.com/Kanada-Tipps erreichbar.

So schnell kann es gehen: Nach der Anmeldung ist Ihr Wiki sofort im Internet erreichbar.

Jetzt müssen Sie Ihr Wiki nur noch konfigurieren und mit Beiträgen füllen. Wie Sie dabei vorgehen, erfahren Sie in den Abschnitten *Das Wiki richtig einrichten* (→ Seite 105) und *Texte im eigenen Wiki veröffentlichen* (→ Seite 109).

Die Komfortlösung: Ein eigenes Wiki

Mit Wiki-Anbietern wie gratis-wiki.com kommen Sie schnell und unkompliziert zum eigenen Wiki. Allerdings müssen Sie dabei zwei Nachteile in Kauf nehmen: Ihr Wiki ist mit Werbung gespickt, über die sich der Wiki-Anbieter refinanziert. Zudem erhalten Sie keine echte Internetadresse, sondern lediglich eine Unterdomain nach dem Muster www.gratis-wiki.com/Mein-Wiki-Name.

Wer Wikis lieber ohne Werbung und mit einer individuellen Internetadresse betreiben möchte, kann das Wiki auch selbst installieren.

Das ist zwar mit ein wenig Aufwand verbunden und erfordert einen bestehenden Webspeicherplatz bei einem Internetprovider, bietet aber den größten Gestaltungsspielraum.

Das brauchen Sie für ein eigenes Wiki

Die eigene Wiki-Software ist die Luxusvariante. Hier haben Sie alles selbst in der Hand, von der Internetadresse über Aussehen bis Konfiguration, müssen aber auch mit erheblichem Mehraufwand rechnen. Um eine eigene Wiki-Software einsetzen zu können, müssen folgende Voraussetzungen erfüllt sein:

- **Webspeicherplatz mit SQL und PHP**
  Um ein eigenes Wiki zu betreiben, brauchen Sie eine eigene Homepage bei einem Internetanbieter wie 1&1 (www.1und1.de), Freenet (www.freenet.de) oder Strato (www.strato.de). Der Webspeicherplatz muss zudem über eine MySQL-Datenbank (Version 4.0 oder neuer) verfügen und die Internetprogrammiersprache PHP in der Version 4.3 oder höher unterstützen. Fragen Sie im Zweifelsfall bei Ihrem Homepage-Anbieter nach, ob Ihr Webspeicherplatz die Voraussetzungen erfüllt.

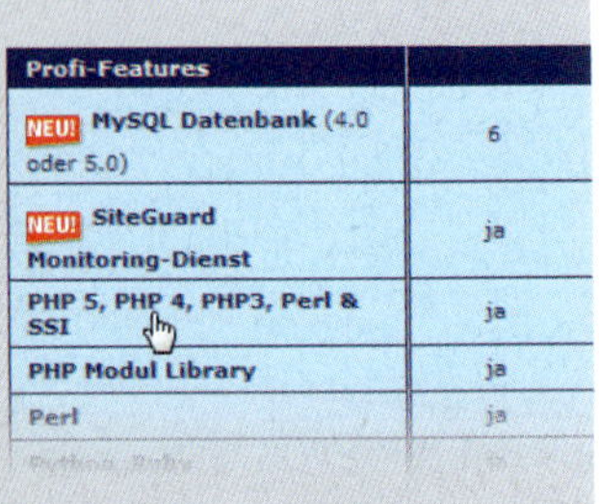

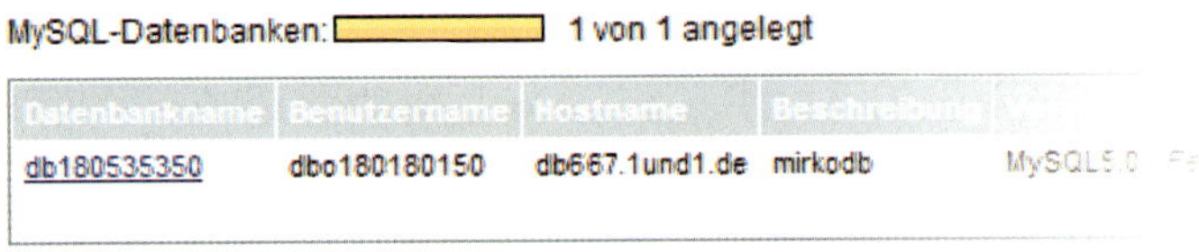

  Notieren Sie sich zudem die Zugangsdaten zu Ihrer MySQL-Datenbank – Sie benötigen die Daten später für die Installation der Wiki-Software. Die Zugangsdaten finden Sie meist im Kundencenter Ihres Internetproviders im Bereich *MySQL-Datenbank*.

- **FTP-Software**
  Um die Wiki-Software auf den Webspeicherplatz der eigenen Homepage zu übertragen und Änderungen an der Ordnerstruktur vorzunehmen, brauchen Sie ein FTP-Programm wie FileZilla (www.filezilla.de).

- **Wiki-Software**
  Für das eigene Wiki brauchen Sie zudem eine passende Wiki-Software. Die bekannteste und erfolgreichste Wiki-Lösung ist MediaWiki (www.mediawiki.org). Das ist übrigens die gleiche Software, die auch vom Vorbild Wikipedia genutzt wird. Die Installation und Einrichtung von MediaWiki wird im folgenden Abschnitt ausführ-

Info

Die eigene Homepage bestellen

Im Kapitel *Meine eigene Homepage* (→ Seite 114) erfahren Sie ausführlich, wie Sie eine eigene Homepage mit SQL-Datenbank und PHP-Unterstützung einrichten.

lich erläutert. Gute Alternativen sind die Gratislösungen UseModWiki (www.usemod.com/cgi-bin/wiki.pl), PmWiki (www.pmwiki.org), FlexWiki (www.flexwiki.com), TWiki (www.twiki.org) und JSPWiki (www.jspwiki.org).

MediaWiki installieren

Für ein eigenes Wiki brauchen Sie die Software MediaWiki. Die bekommen Sie kostenlos aus dem Internet.

So geht's:

Mit folgenden Schritten installieren Sie die kostenlose Wiki-Software MediaWiki auf Ihrer Homepage:

1. Rufen Sie die Webseite www.mediawiki.org auf, blättern Sie an das untere Ende der Webseite, und klicken Sie dort auf *Deutsch*. Damit wechseln Sie zur deutschen Sprachführung.
2. Klicken Sie im oberen Bereich der Webseite auf *Download*.

3. Anschließend klicken Sie innerhalb des Kastens *Paket downloaden* im Bereich *Aktuelle Version* auf *mediawiki-x.xx.x.tar.gz*. Die Zahlen *x.xx.x* kennzeichnen die jeweils aktuelle Version, zum Beispiel *mediawiki-1.11.0.tar.gz*.
4. Speichern Sie die Datei auf der Festplatte, etwa auf dem Desktop.

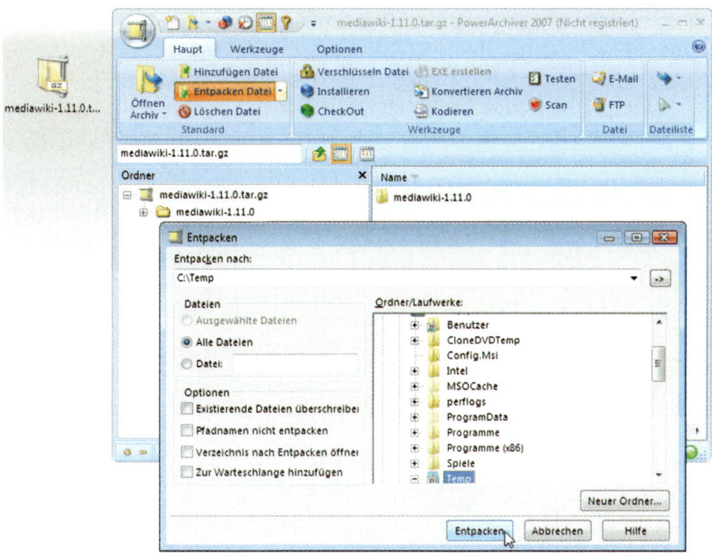

Nach dem Herunterladen müssen Sie die MediaWiki-Installationsdateien entpacken. Verwenden Sie hierzu ein Packprogramm wie PowerArchiver.

5. Im nächsten Schritt müssen Sie die Installationsdatei entpacken. Leider verwenden die Wiki-Macher hierzu das weniger verbreite-

te Format „tar.gz“. Dieses Format lässt sich mit den Bordmitteln von Windows nicht extrahieren. Zum Entpacken brauchen Sie ein zusätzliches Packprogramm wie WinZip (www.winzip.de) oder eines der Gratisprogramme 7-Zip (www.7-zip.org) und PowerArchiver (www.powerarchiver.com). Entpacken Sie die Datei damit in einen beliebigen Ordner auf der Festplatte, etwa in *C:\Temp*.

6. Im nächsten Schritt müssen Sie die entpackten Installationsdateien auf Ihren Webspeicherplatz übertragen. Hierzu starten Sie das FTP-Programm, etwa FileZilla (www.filezilla.de), und stellen Sie eine FTP-Verbindung zu Ihrem Webspeicherplatz her. Im FTP-Programm FileZilla tragen Sie hierzu in die Felder *Server, Benutzername* und *Passwort* die FTP-Zugangsdaten ein und klicken auf *Verbinden*. Die genauen Zugangsdaten erfahren Sie im Konfigurationsbereich Ihres Webspeicherplatzes.

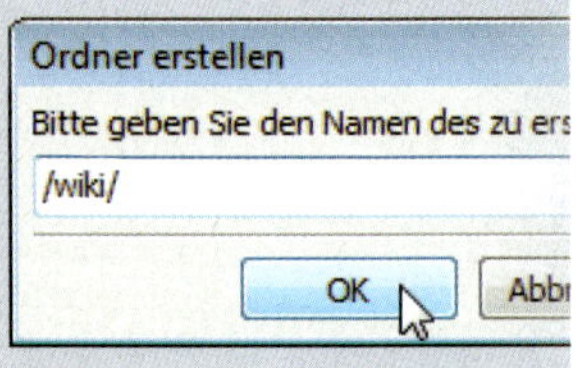

7. Sie sollten für Ihr Wiki einen eigenen Ordner im Homepagebereich anlegen.
   Klicken Sie hierzu in der rechten Hälfte des Fensters – dort sehen Sie den Inhalt Ihres Webspeicherplatzes – mit der rechten Maustaste auf einen freien Bereich und wählen den Befehl *Ordner erstellen*. Wählen Sie einen treffenden Namen für den Ordner, etwa *wiki*. Wechseln Sie per Doppelklick in den neuen Ordner.

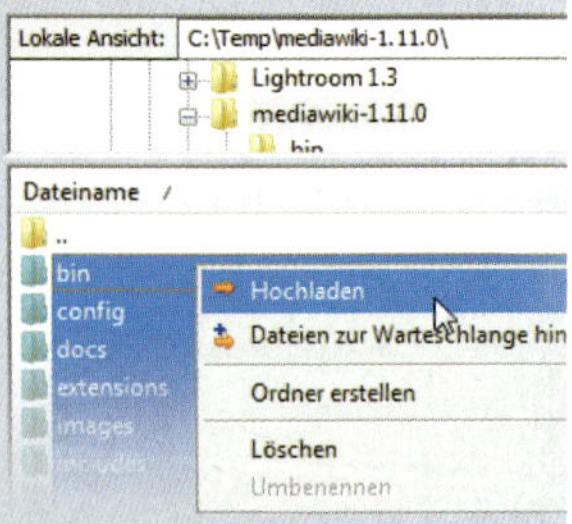

8. In der linken Fensterhälfte – dort sehen Sie die Ordner Ihrer lokalen Festplatte – wechseln Sie zum Ordner, der die entpackten MediaWiki-Dateien enthält, zum Beispiel *C:\Temp\mediawiki-1.11.0*. Markieren Sie mit der Tastenkombination [Strg]+[A] alle MediaWiki-Dateien. Überprüfen Sie noch einmal, ob im rechten Fenster auch wirklich der Unterordner *wiki* Ihrer Webpräsenz geöffnet ist. Jetzt klicken Sie mit der rechten Maustaste auf die markierten Dateien und rufen den Befehl *Hochladen* auf. Die MediaWiki-Dateien werden anschließend auf Ihren Webspeicherplatz übertragen. Da die Komplettinstallation knapp 1 000 Dateien umfasst, kann die Übertragung einige Minuten dauern.

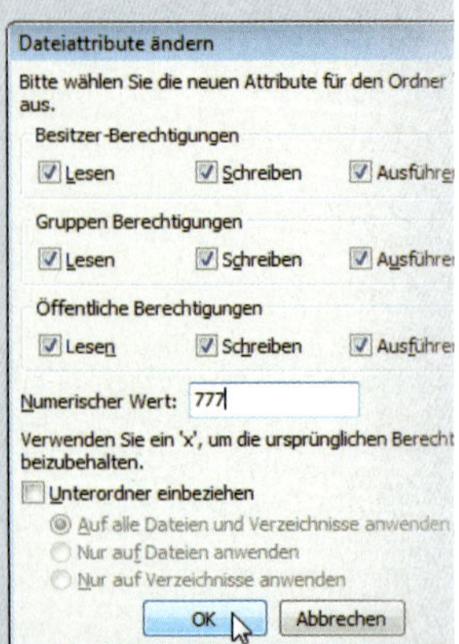

9. Sobald die Übertragung abgeschlossen ist, ändern Sie die Zugriffsrechte des Ordners *config*. Hierzu wechseln Sie im FTP-Programm FileZilla in der rechten Fensterhälfte (dort sehen Sie stets die Ordner Ihres Webspeicherplatzes) in den Unterordner *wiki*. Klicken Sie mit der rechten Maustaste auf den Ordner *config*, und rufen Sie den Befehl *Dateiattribute* auf. Tragen Sie in das Feld *Numerischer Wert* die Zahl „777“ ein, und bestätigen Sie mit *OK*.

10. Die erste Phase der Installation ist damit abgeschlossen. Im nächsten Schritt geht es darum, die Datenbank einzurichten. Das geht über ein Installationsskript fast automatisch. Rufen Sie zunächst

die Adresse Ihres neuen Wikis auf. Wenn Sie beispielsweise auf Ihrer Domain www.mirko.de die Wiki-Dateien in den Ordner *wiki* installiert haben, lautet die Adresse www.mirko.de/wiki. Es erscheint die Begrüßungsseite. Klicken Sie hier auf *set up the wiki*.

11. Das Installationsskript prüft anschließend, ob alle Voraussetzungen für die Installation erfüllt sind. Ist das der Fall, erscheint am Ende der Prüfliste der grüne Hinweis *Evironment checked. You can install MediaWiki.*

Tragen Sie jetzt in das Formular die noch fehlenden Informationen wie den gewünschten Wiki-Namen, Ihre E-Mail-Kontaktdaten und – ganz wichtig – einen Benutzernamen und ein Kennwort für das Wiki-Administratorkonto ein. Der Wiki-Administrator ist Herr über das Wiki und kann zum Beispiel Beiträge löschen oder das Layout ändern. Im Feld *Language* wählen Sie den Eintrag *de – Deutsch*, um die deutsche Version von MediaWiki zu installieren.

Ganz wichtig sind die Felder im Bereich *Database config*. Geben Sie hier den Hostnamen, den Datenbanknamen sowie die Zugangsdaten zu Ihrer Datenbank ein. Die genauen Daten erfahren Sie im Konfigurationsbereich Ihres Webspeicherplatzes. Klicken Sie anschließend am unteren Ende des Formulars auf die Schaltfläche *Install MediaWiki*.

12. Sofern alles richtig eingetragen wurde – insbesondere die Zugangsdaten zur eigenen MySQL-Datenbank –, werden im nächsten Schritt die Dateien und Datenbanktabellen angelegt. Im Statusfenster sehen Sie den Verlauf der Installation. Bei einer erfolgreichen Installation erscheint am Ende der Hinweis *Installation successful*.

13. Im nächsten Schritt müssen Sie die Datei *LocalSettings.php* aus dem Ordner *config* entfernen, damit Unbefugte keinen Zugriff auf die Wiki-Konfiguration erhalten. Starten Sie hierzu Ihr FTP-Programm – zum Beispiel FileZilla –, und stellen Sie eine FTP-Verbindung zu Ihrer Webseite her. Wechseln Sie in den Ordner *\wiki\config*.

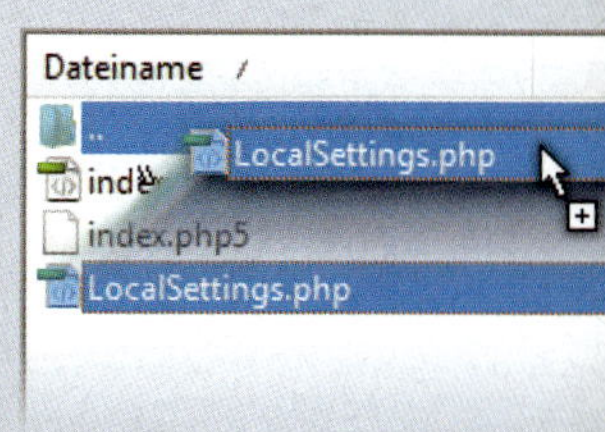

Klicken Sie auf die Datei *LocalSettings.php*, halten Sie die Maustaste gedrückt, und ziehen Sie die Datei auf das Ordnersymbol mit den zwei Punkten (..). Sobald Sie die Maustaste loslassen, wird die Datei in den Hauptordner der Wiki-Installation verschoben.

Erscheint zum Abschluss die Meldung *Installation successful*, wurde MediaWiki erfolgreich auf Ihrer Webseite installiert.

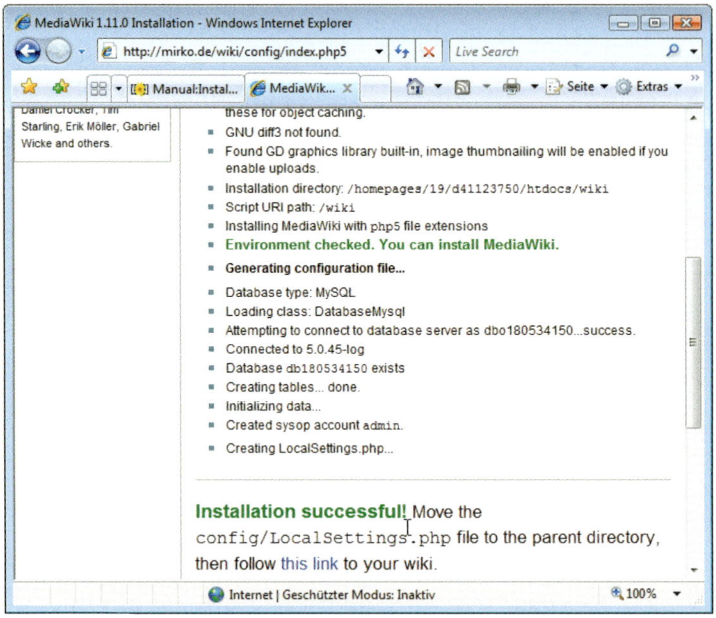

Info

Zwei Fenster, zwei Orte

Vergewissern Sie sich beim Arbeiten mit einem FTP-Programm immer, in welchem Fensterbereich Sie arbeiten. Generell gilt bei fast allen FTP-Tools: Links sehen Sie die Ordnerstruktur der lokalen Festplatte, rechts die Ordner und Dateien auf dem Server Ihrer Homepage. Auch wenn beide Fensterhälften mitunter identisch aussehen, handelt es sich um zwei unterschiedliche Standorte.

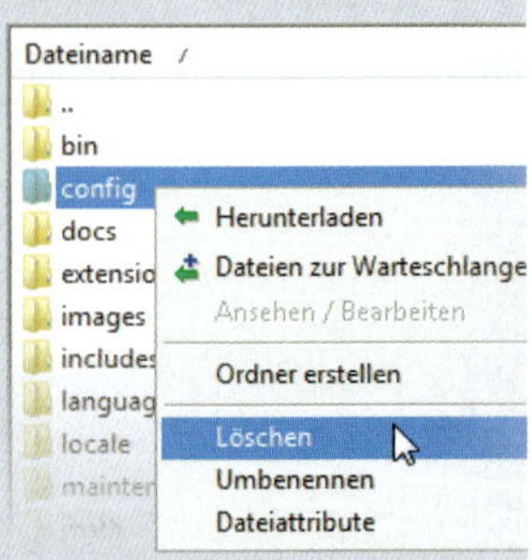

14. Nachdem die Datei *LocalSettings.php* erfolgreich in den Hauptordner verschoben wurde, sollten Sie aus Sicherheitsgründen den kompletten Ordner *config* löschen. Hierzu wechseln Sie im FTP-Programm in den Hauptordner. Klicken Sie anschließend mit der rechten Maustaste auf den Ordner *config*, und wählen Sie den Befehl *Löschen*. Bestätigen Sie die Sicherheitsabfrage mit *Ja*.

Die Installation Ihres eigenen Wikis ist damit abgeschlossen. Wenn Sie die Internetadresse Ihres Wikis aufrufen – etwa über www.mirko.de/wiki –, erscheint die Startseite des (noch leeren) Wikis. Sollte nur eine weiße Seite oder eine Fehlermeldung erscheinen, liegt das meist an der PHP-Konfiguration Ihres Internetanbieters. Der Grund: MediaWiki arbeitet mit der PHP-Programmiersprache in der Version 5. Viele Internetanbieter unterstützen zwar die Version 5, verwenden aber weiterhin die ältere Version 4. In diesem Fall ergänzen Sie einfach Ihre Wiki-Adresse um den Zusatz *index.php5*, zum Beispiel in der Form www.mirko.de/wiki/index.php5. Damit greifen Sie explizit auf die aktuelle PHP5-Version des Wikis zu.

Beim ersten Aufruf ist das Wiki zwar noch leer, aber bereits mit allen wichtigen Werkzeugen eines Wikis ausgestattet.

Das Wiki richtig einrichten

Nach der Installation ist das Wiki einsatzbereit. Sie können sofort neue Artikel ergänzen und das Wiki mit Leben füllen. Zunächst sollten Sie dem Wiki jedoch einen individuellen Charakter verleihen, zum Beispiel in Form eines eigenen Logos und einer neuen Navigationsleiste.

So geht's:

Im neu installierten Wiki erscheint in der linken oberen Ecke das Standardlogo von MediaWiki. Gehen Sie folgendermaßen vor, um es gegen eine eigene Grafik auszutauschen:

1. Zunächst müssen Sie in Ihrem Wiki das Hochladen von Grafiken und Dateien aktivieren. Hierzu ist eine Änderung der Konfigurationsdatei *LocalSettings.php* erforderlich.

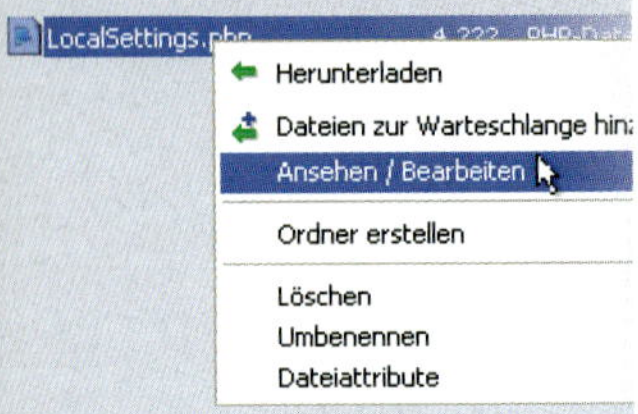

Starten Sie Ihr FTP-Programm (z. B. FileZilla, www.filezilla.de), und melden Sie sich mit Ihren FTP-Zugangsdaten bei Ihrem Homepage-Anbieter an. Wechseln Sie in den Wiki-Ordner. Klicken Sie mit der rechten Maustaste auf die Datei *LocalSettings.php*, und wählen Sie den Befehl *Ansehen/Bearbeiten*.

2. Die Datei *LocalSettings.php* erscheint im Editor von Windows. Im unteren Drittel finden Sie die Zeile

$wgEnableUploads = false;

Ändern Sie den Wert *false* in *true*, sodass die Zeile folgendermaßen aussieht:

$wgEnableUploads = true;

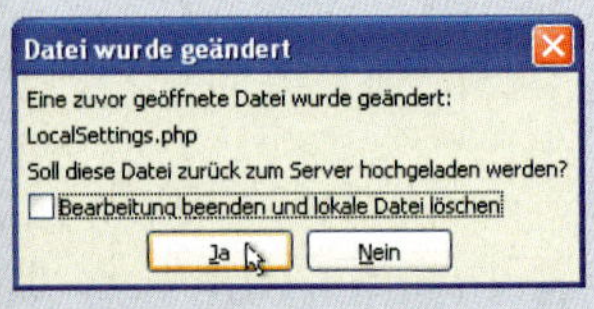

Rufen Sie anschließend den Befehl *Datei | Beenden* auf, und beantworten Sie die Frage, ob die Änderungen gespeichert werden sollen, mit *Ja*. Klicken Sie auch im FileZilla-Fenster auf *Ja* sowie *OK*, um die geänderte Datei auch auf dem FTP-Server zu speichern.

Tipp

Alle Optionen in *LocalSettings.php*

Die Datei *LocalSettings.php* ist die zentrale Konfigurationsdatei Ihres Wikis. Alle wichtigen Grundeinstellungen sind hier in Form von Variablen definiert. Eine Übersicht aller Funktionen und Variablen finden Sie auf den Webseiten www.mediawiki.org/wiki/Manual:LocalSettings.php sowie www.mediawiki.org/wiki/Manual:Configuration_settings.

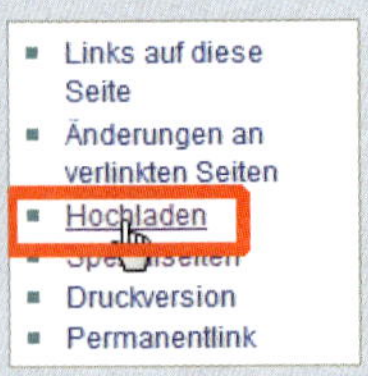

3. Rufen Sie im Webbrowser die Adresse Ihres Wikis auf, und klicken Sie unten links in der Navigationsspalte auf *Hochladen*. Das Hochladen von Grafiken ist nur möglich, wenn Sie als Wiki-Nutzer angemeldet sind. Klicken Sie gegebenenfalls auf den Link *angemeldet sein*, um sich mit Ihrem Benutzernamen und Kennwort bei Ihrem Wiki anzumelden. Verwenden Sie dabei die Zugangsdaten, die Sie bei der Installation und Einrichtung des Wikis gewählt haben.
4. Im nächsten Fenster klicken Sie auf *Durchsuchen* und wählen die Grafik aus, die Sie als Logo verwenden möchten. Wichtig dabei: Das Logo sollte exakt die Maße 135 x 135 Pixel aufweisen und im Format JPG oder GIF gespeichert sein. Klicken Sie auf *Datei hochladen*, um das Logo auf Ihren Webserver zu übertragen.

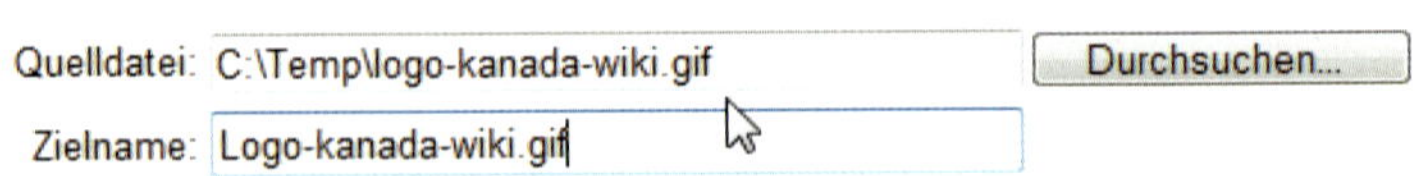

5. Nach dem Upload erscheint das Bild auf einer eigenen Wiki-Seite.

Klicken Sie auf das Bild, und kopieren Sie die komplette Adresse in die Zwischenablage von Windows. Hierzu markieren Sie mit gedrückter Maustaste die Adresszeile und drücken die Tastenkombination [Strg]+[C].

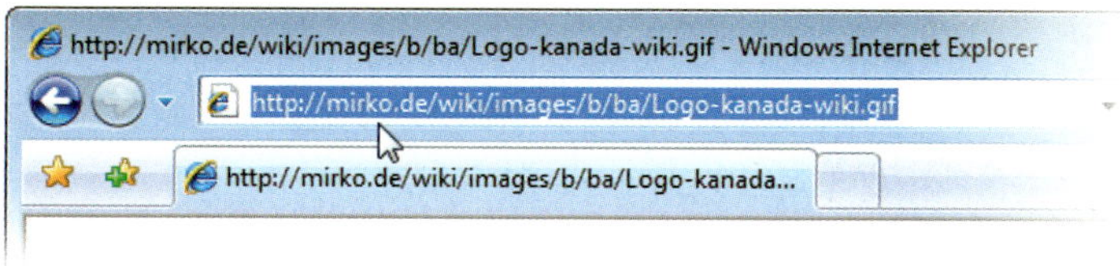

6. Jetzt starten Sie – wie zuvor beschrieben – erneut das FTP-Programm und öffnen die Datei *LocalSettings.php* zur Bearbeitung. Gehen Sie an das Ende der Textdatei, und fügen Sie dort die Zeile

$wgLogo = „“;

ein. Fügen Sie jetzt zwischen die Anführungszeichen mit der Tastenkombination [Strg]+[V] die kopierte Adresse für die Logodatei ein. Die Zeile sieht nun zum Beispiel folgendermaßen aus:

$wgLogo = „http://mirko.de/wiki/images/b/ba/Logo-kanada-wiki.gif“;

7. Rufen Sie den Befehl *Datei* | *Beenden* auf, und beantworten Sie alle Nachfragen mit *Ja* beziehungsweise *OK*. Statt des Standardlogos erscheint auf Ihrer Wiki-Seite jetzt die eigene Grafik.

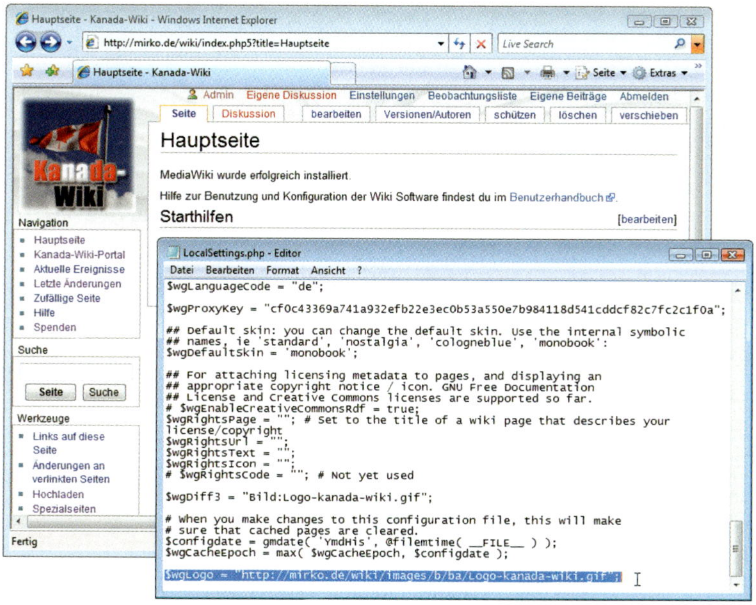

Nachdem Sie Ihre Logodatei hochgeladen und eine kleine Änderung an der Datei *LocalSettings.php* vorgenommen haben, erscheint Ihr Wiki mit einem neuen, individuellen Logo.

Nachdem das Logo angepasst wurde, sollten Sie sich die Navigationsleiste am linken Rand vornehmen. Mit wenigen Schritten können Sie Inhalt und Aussehen der Leiste auf Ihre Bedürfnisse anpassen.

So geht's:

Um Aufbau und Layout der linken Navigationsspalte zu bestimmen, gehen Sie wie folgt vor:

1. Rufen Sie die Webseite Ihres Wikis auf, geben Sie in das Suchfeld den Suchbegriff „MediaWiki:Sidebar" ein, und klicken Sie auf die Schaltfläche *Seite*.
2. Klicken Sie am oberen Rand der Seite auf die Registerkarte *bearbeiten*. Sollte die Registerkarte fehlen, sind Sie noch nicht bei Ihrem Wiki angemeldet. Klicken Sie in diesem Fall oben rechts auf *Anmelden*, loggen Sie sich mit Ihren Zugangsdaten ein, und wiederholen Sie den Schritt.
3. Jetzt können Sie den Inhalt der oberen Navigationsbox editieren. Im Bearbeitungsfenster sind die Menüpunkte als Kürzel angegeben, etwa

```
* navigation
** mainpage|mainpage
** portal-url|portal
** currentevents-url|currentevents
** recentchanges-url|recentchanges
** randompage-url|randompage
** helppage|help
** sitesupport-url|sitesupport
```

   Die Bearbeitung ist einfach: Sollen zum Beispiel die Menüpunkte *Aktuelle Ereignisse* und *Spenden* nicht erscheinen, löschen Sie einfach die entsprechenden Zeilen

```
** currentevents-url|currentevents
```

   und

```
** sitesupport-url|sitesupport
```

4. Sobald die Änderungen abgeschlossen sind, klicken Sie ganz unten auf *Seite speichern*. Die Änderungen sind beim nächsten Aufruf der Wiki-Startseite sofort aktiv.

Über den Suchbegriff „MediaWiki:Sidebar“ erreichen Sie die Bearbeitungsseite für den Kasten *Navigation*.

Texte im eigenen Wiki veröffentlichen

Sobald das Wiki fertig konfiguriert und eingerichtet ist, muss es nur noch mit Inhalt gefüllt werden. Dabei gilt, wie bei allen Wikis: Jeder kann mitmachen. Freunde, Familie, Bekannte, Vereinsmitglieder, Mitarbeiter – sie alle können Textbeiträge oder Fotos beisteuern.

So geht's:

Im eigenen Wiki eine neue Seite anzulegen oder eine bereits bestehende Seite zu bearbeiten ist ganz einfach. Gehen Sie dazu folgendermaßen vor:

1. Damit später nachvollziehbar bleibt, von wem ein Artikel oder eine Änderung stammt, sollten Sie sich zunächst mit Ihrem Wiki-Namen anmelden. Klicken Sie hierzu oben rechts auf *Anmelden*. Geben Sie Ihre persönlichen Zugangsdaten ein, und klicken Sie auf die Schaltfläche *Anmelden*. Sollten Sie noch nicht über einen eigenen Benutzernamen verfügen, können Sie das über den Link *Neues Benutzerkonto anlegen* schnell nachholen.
2. Um eine neue Seite anzulegen, geben Sie den gewünschten Titel der Seite in das Suchfeld Ihres Wiki ein – etwa „Bären beobachten“ – und drücken die Schaltfläche *Seite*.

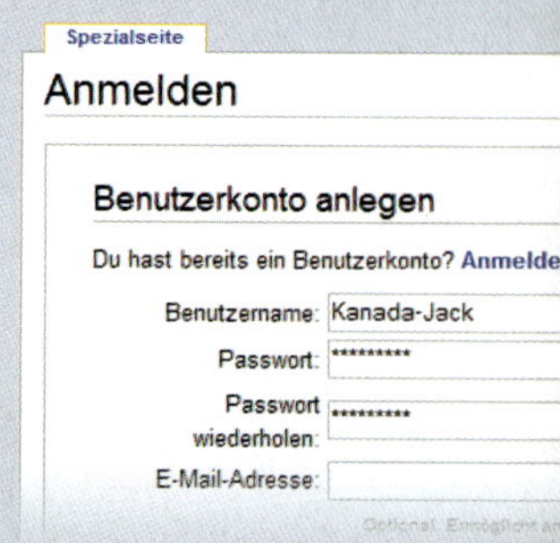

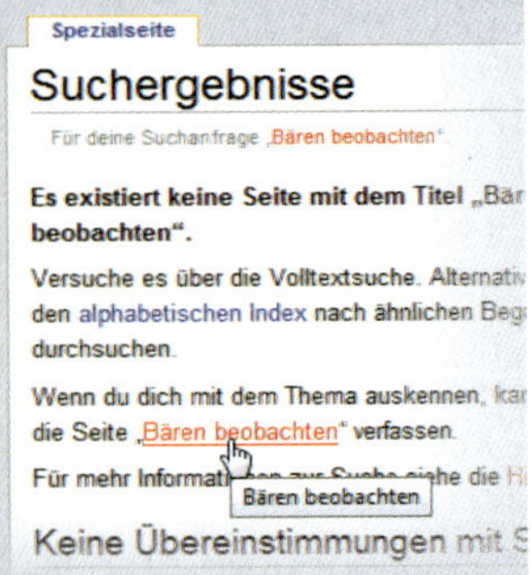

3. Es erscheint der Hinweis, dass die gewünschte Seite nicht existiert. In der dritten Zeile finden Sie einen Link, über den Sie die noch nicht vorhandene Seite jetzt anlegen können, zum Beispiel *die Seite ‚Bären beobachten‘ verfassen*.
4. Per Mausklick auf diesen Link gelangen Sie in das Bearbeitungsfenster für einen neuen Wiki-Eintrag und können die gewünschte Seite neu anlegen. Welche Bearbeitungsmöglichkeiten dabei zur Verfügung stehen, erfahren Sie im Abschnitt *Mitmachen bei Wikipedia* (→ Seite 92). Da Wikipedia und Ihr eigenes Wiki auf derselben Software basieren, ist die Vorgehensweise identisch.
5. Sobald die Seite fertig ist, klicken Sie auf *Seite speichern*.

Der neue Artikel ist sofort für jedermann im Wiki sichtbar – zunächst aber nicht über die Hauptseite, sondern nur über die Suchfunktion.

Über die Schaltfläche der Symbolleiste formatieren Sie – wie beim Vorbild Wikipedia – Ihre eigenen Wiki-Artikel.

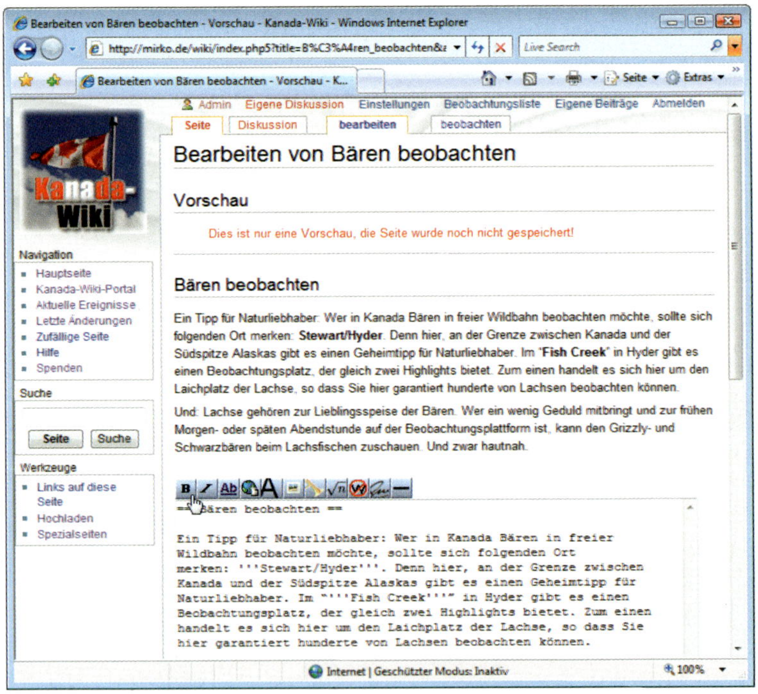

Im nächsten Schritt sollten Sie weitere Artikel ergänzen und diese untereinander verlinken. Zur Erinnerung: Um auf einen anderen Artikel im eigenen Wiki zu verweisen, geben Sie den Titel der Seite in doppelten eckigen Klammern an, etwa in der Form

Hier können Sie [[Bären beobachten]] und …

oder

...eine gute Gelegenheit, [[Bären beobachten|Bären zu beobachten]], finden Sie ...

Auf diese Weise füllen Sie Ihr Wiki Stück für Stück mit Leben und neuen, miteinander verzahnten Artikeln. Und wie bei jedem Wiki gilt: Je mehr dabei mitmachen, umso schneller wächst das Wiki.

Bestehende Webseiten lassen sich jederzeit überarbeiten und ergänzen – auch von anderen Wiki-Nutzern.

So geht's:

Um beispielsweise dem Bärenartikel ein Foto hinzuzufügen, gehen Sie wie folgt vor:

1. Zunächst sollten Sie über die Upload-Funktion des Wikis das gewünschte Foto hochladen. Klicken Sie hierzu auf *Hochladen*, und laden Sie über das Onlineformular die gewünschte Grafikdatei hoch. Wichtig dabei: Merken Sie sich den Namen des Bildes, zum Beispiel *Baeren-kanada.jpg*.
2. Rufen Sie jetzt über die Suchfunktion den gewünschten Artikel auf.
3. Klicken Sie am oberen Rand auf *Bearbeiten*.
4. Der Artikel erscheint im Bearbeitungsfenster und kann beliebig ergänzt werden. Um das hochgeladene Foto einzufügen, geben Sie in doppelten eckigen Klammern das Kürzel „Bild:" gefolgt vom Bildnamen ein, etwa

   [[Bild:Baeren-kanada.jpg]]

   Achten Sie dabei auf die korrekte Groß- und Kleinschreibung des Bildnamens.
5. Prüfen Sie über die Schaltfläche *Vorschau anzeigen*, ob das Foto richtig angezeigt wird. Ist alles in Ordnung, können Sie den überarbeiteten Artikel mit *Seite speichern* veröffentlichen.

Um das Wiki zu vervollständigen, sollten Sie unbedingt auch folgende Seiten bearbeiten. Auch hier gilt: Zum Editieren rufen Sie zunächst die entsprechende Seite auf und klicken oben wieder auf die Reiterkarte *Bearbeiten*.

- **Startseite/Hauptseite**
  Die Startseite ist die Visitenkarte Ihres Wikis. Informieren Sie die

Leser hier, worum es in Ihrem Wiki geht, und verweisen Sie auf besonders interessante Artikel.

- **Seite *Über mein Wiki***
  Auf der Seite *Über mein Wiki* – zu erreichen über den Link ganz unten auf jeder Wiki-Seite – können Sie ein wenig über sich selbst plaudern und zum Beispiel erzählen, wie Sie zu der Idee für das Wiki gekommen sind.

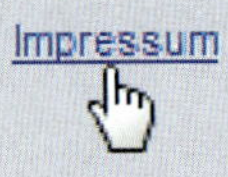

- **Impressum**
  Besonders wichtig ist das Impressum. Hier müssen Sie Pflichtangaben wie Name, postalische Adresse und gegebenenfalls Steuernummer hinterlegen. Welche Angaben vom Gesetzgeber gefordert werden, erfahren Sie ausführlich im Kapitel *Achtung: Juristische Fallstricke* (→ Seite 161).

Auch Fotos lassen sich ganz leicht in eigene Wikipedia-Artikel einbinden.

Kapitel 5

Meine eigene Homepage

Meine eigene Homepage

Jeder kann heute im Web mit einer eigenen Homepage vertreten sein – technisch zumindest ist das kein Problem. Sie entscheiden selbst, was auf Ihrer Internetseite zu sehen ist. Ob Sie nur eine kleine elektronische Visitenkarte zeigen, Ihre Familie und Ihre Hobbys vorstellen, Vereinsmitteilungen veröffentlichen oder Ihre Rezeptsammlung veröffentlichen möchten – der Fantasie sind keine Grenzen gesetzt. Je nach Umfang gibt es verschiedene Möglichkeiten, im Web präsent zu sein. Dieses Kapitel zeigt, was Sie dafür brauchen und wie Sie Schritt für Schritt von der ersten Idee bis zur fertigen Webseite gelangen, selbstverständlich inklusive eigener Internetadresse.

Vor- und Nachteile der eigenen Homepage

Mit einer eigenen Homepage haben Sie den größten Gestaltungsspielraum beim Design, dem Inhalt und den Funktionen auf der Webseite. Hier sind Sie der Regisseur und bestimmen, was in welcher Form auf Ihrer Seite zu sehen ist. So eine eigene Homepage lässt sich beispielsweise problemlos um Funktionen wie Newsletter oder kleine Spiele erweitern – das ist bei Blogs oder Wikis meist nicht möglich.

So viel Komfort hat aber auch seine Schattenseiten. Es ist wie bei einem Fertighaus und einem Architektenhaus: Das Fertighaus (Blog) wird schlüsselfertig übergeben, inklusive aller Komfortfunktionen wie Inhaltsverzeichnis, Suchfunktion und automatischer Verlinkung der Blogbeiträge. Sie können sofort einziehen und müssen das Haus nur noch mit Möbeln (Blogbeiträgen) füllen. Das Architektenhaus (die eigene Homepage) ist zwar individuell, dafür starten Sie fast bei null. Es gibt nur eine Bodenplatte (Webspeicherplatz). Um den Rest, die Fassade (das Seitenlayout), die Aufteilung der Räume (Kategorien) und sogar die Treppen ins Obergeschoss (Verlinkung der Artikel) müssen Sie sich selbst kümmern. Es dauert wesentlich länger, bis Sie einziehen und Ihre ersten Artikel veröffentlichen können.

Daher unser Rat: Wenn Sie nur wenig Zeit haben und sich nicht um „Äußerlichkeiten" wie Design, Inhaltsverzeichnisse und Verlinkungen kümmern möchten, greifen Sie besser zu Blogs oder Wikis, die wir in den vorherigen Kapiteln vorgestellt haben. Gehören Sie aber zu den experimentierfreudigen Internetnutzern, die gerne eigene Ideen umsetzen und auf Individualität setzen, sind Sie in diesem Kapitel genau richtig.

Das brauchen Sie

Die eigene Homepage ist keine Sache von wenigen Minuten. Bevor Sie Ihre Idee umsetzen können, sind einige wichtige Vorarbeiten zu leisten. Für die eigene Homepage brauchen Sie – neben einer Portion Kreativität – Folgendes:

- **Domainname und Webspeicherplatz**
  Den Webspeicherplatz, auf dem die Dateien Ihrer eigenen Homepage liegen, können Sie von einem Internetprovider mieten. Es gibt einige kostenlose Anbieter, hier erhalten Sie aber keine eigene Internetadresse. Webspeicherplatz mit eigener Adresse kostet zwischen zwei und zehn Euro pro Monat. Wie Sie Webspeicherplatz mieten und einrichten, erfahren Sie im folgenden Abschnitt *Domainname und Webspeicherplatz mieten*.

- **FTP-Programm**
  Um Dateien vom eigenen Rechner auf den Webspeicherplatz der Homepage zu übertragen, brauchen Sie ein FTP-Programm. Hier empfiehlt sich das kostenlose Tool FileZilla, das Sie auf der Webseite www.filezilla.de herunterladen können.

- **Webeditor**
  Die Gestaltung der Webseite erfolgt mit einem Webeditor. Das ist eine spezielle Software, mit der Sie – wie bei einem Textverarbeitungsprogramm – die einzelnen Seiten Ihrer Internetpräsenz aufbauen und auf Ihren Webspeicherplatz übertragen. Webeditoren werden ausführlich im Abschnitt *Individuelle Homepages mit Webeditoren* (→ Seite 122) beschrieben.

Domainname und Webspeicherplatz mieten

Bei der Auswahl des Webspeicherplatzes haben Sie die Wahl zwischen Gratisanbietern und kostenpflichtigen Internetprovidern. Die kostenlosen Angebote richten sich vor allem an Einsteiger, die mit der eigenen Homepage Neuland betreten und erste Gehversuche unternehmen möchten. Gratiswebspeicherplatz finden Sie unter anderem bei folgenden Anbietern:

- **Lima-City**
  www.lima-city.de
  Hier gibt es unbegrenzten kostenlosen Webspeicherplatz inklusive PHP- und MySQL-Unterstützung, allerdings ohne indivi-

duellen Domainnamen. Alle Gratisdomains haben das Format wunschname.lima-city.de.

- **Funpic**
  www.funpic.de
  Hier erhalten Sie eine kostenlose Homepage mit der Adresse wunschname.funpic.de. Wichtige Funktionen wie PHP und MySQL sind mit dabei; der Datentransfer ist auf 2 500 MB pro Monat beschränkt. Das reicht für kleine private Seiten allemal aus.

- **Freehost**
  www.freehost.ag
  Bei Freehost gibt es kostenlos 250 MB Webspeicherplatz inklusive PHP-Unterstützung und MySQL-Datenbank. Die Gratiswebseite ist unter der Standardadresse www.wunschname.freehost.ag erreichbar.

Bei Gratisanbietern verursacht die eigene Internetseite zwar keine monatlichen Kosten, dafür müssen Sie aber einige Einschränkungen hinnehmen. Wichtigster Knackpunkt: die Internetadresse. Bei fast allen Gratisangeboten erhalten Sie keine individuelle Adresse, sondern eine Subdomain (Unterdomain) in der Form wunschname.anbieter.de. Zudem blendet der Anbieter meist Werbung auf Ihren Seiten ein, um das Gratisangebot zu finanzieren.

Wer eine eigene Domain in der Form www.wunschname.de besitzen und keine störende Werbung einblenden möchte, sollte daher zu kostenpflichtigen Internetanbietern greifen. Hier zahlen Sie zwischen zwei und zehn Euro pro Monat. Zu den bekanntesten Anbietern gehören 1&1 (www.1und1.de), Strato (www.strato.de), 1blu (www.1blu.de) und domainfactory (www.domainfactory.de).

So geht's:

Um bei Strato, einem der größten Webspace-Anbieter, einen passenden Homepage-Speicherplatz zu mieten, gehen Sie folgendermaßen vor:

1. Rufen Sie die Webseite www.strato.de auf, und klicken Sie auf *Webhosting*.
2. Auf der nächsten Seite haben Sie die Auswahl zwischen verschiedenen Speicherplatzvarianten. Wichtig für die Entscheidung: Ihre Domain sollte mindestens die Programmiersprache PHP unter-

stützten und über eine MySQL-Datenbank verfügen. Nur dann können Sie Ihre Homepage um weitere interessante Funktionen, etwa ein Wiki erweitern. Nähere dazu im Kapitel *Das eigene Wiki* (→ Seite 86).

Beim Anbieter Strato gehören die Angebote aus dem Bereich *Strato PowerWeb* zu den günstigsten Paketen mit PHP- und MySQL-Unterstützung. Klicken Sie auf *Jetzt informieren* und in der Spalte *Basic* auf *Jetzt bestellen*. Das Basic-Paket kostet knapp vier Euro pro Monat.

3. Im nächsten Fenster wählen Sie die Internetadresse, über die Ihre Homepage später im Web erreichbar ist. Geben Sie den Wunschnamen ein, und kreuzen Sie darunter an, für welche Länderdomains Sie den Namen reservieren möchten. Für den Anfang reicht die Kennung „.de", jede weitere ist mit zusätzlichen Kosten verbunden.

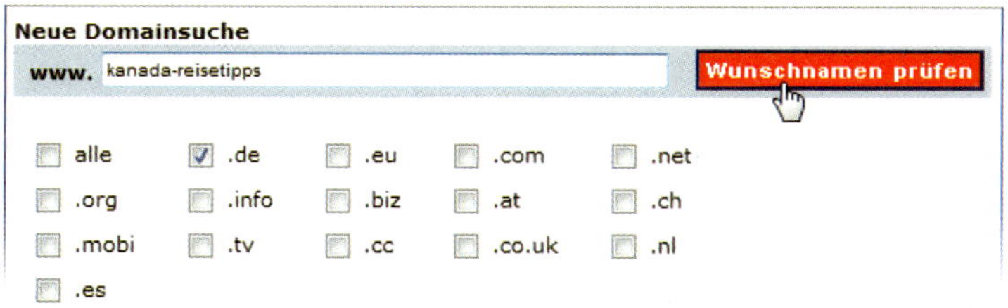

Tipp

Der richtige Name

Ideal ist eine Domain, die bereits im Namen verrät, was auf der Webseite zu finden ist. Für einen Sportverein bietet sich zum Beispiel www.sportclub-krefeld.de an, für eine Fotoseite www.100-fotos.de und für eine Webseite über Hundezucht www.welpen-ratgeber.de.

Klicken Sie auf *Wunschname prüfen*. Auf der nächten Seite erfahren Sie, ob der Name noch frei ist. Sollte er bereits vergeben sein, erhalten Sie eine Liste passender Alternativen. Sie können am unteren Ende aber auch noch einmal einen neuen Versuch starten und einen anderen Namen prüfen. Sobald Sie den Wunschnamen gefunden haben, klicken Sie auf *Auswahl übernehmen und weiter*.

4. Geben Sie anschließend Ihre Adressdaten sowie die Bankverbindung für das Lastschriftverfahren ein, und klicken Sie auf *Weiter*.
5. Auf der nächsten Seite erhalten Sie noch einmal eine Zusammenfassung der Bestellung. Kreuzen Sie das Kontrollkästchen am unteren Ende der Übersicht an, und klicken Sie auf *Bestellung abschließen*.

Der wichtigste Schritt bei der Anmeldung ist die Auswahl der Internetadresse für die eigene Homepage.

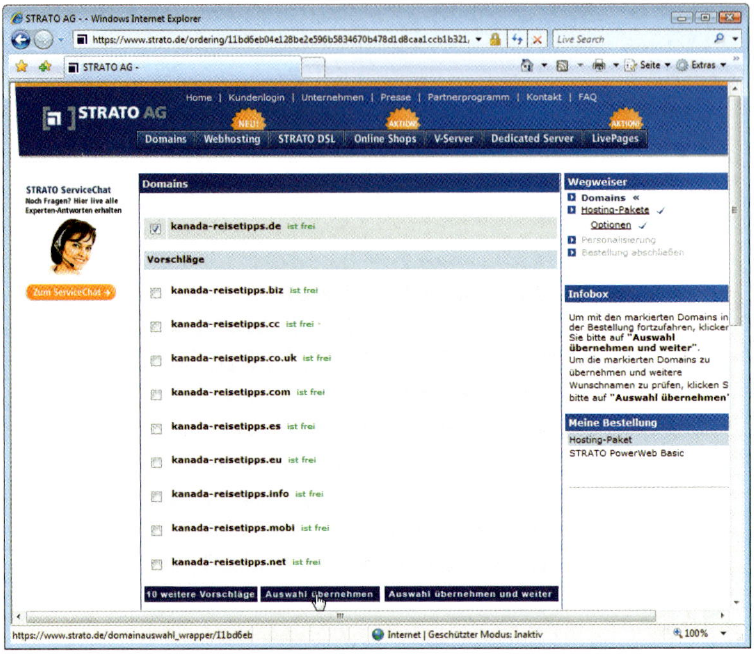

Sie sind jetzt Besitzer einer eigenen Homepage mit eigener Internetadresse. Die Adresse muss erst bei der zentralen Vergabestelle registriert und in den DNS-Servern (Namensverzeichnissen) des Internets verteilt werden. Nach etwa 24 Stunden ist Ihre Homepage unter der angemeldeten Adresse weltweit erreichbar.

Sobald Sie die Bestellbestätigung Ihres Internetanbieters erhalten haben, können Sie sich mit Ihrem zugeteilten Benutzernamen und -kennwort im Kundenbereich Ihres Internetanbieters anmelden und Ihren Webspeicherplatz konfigurieren. Das ist wichtig, um die FTP-Zugangsdaten der Homepage zu erfahren beziehungsweise festzulegen. Die FTP-Zugangsdaten brauchen Sie später für die Übertragung Ihrer Webseiten auf die Homepage.

So geht's:

Gehen Sie folgendermaßen vor, um sich in den persönlichen Kundenbereich einzuloggen und die wichtigen FTP-Zugangsdaten zu erfahren beziehungsweise neu festzulegen:

1. Rufen Sie die Webseite Ihres Internetanbieter auf – etwa www.strato.de – und klicken Sie auf den Link *Kundenlogin*. Bei anderen Anbietern kann die Schaltfläche auch *Kundenbereich* oder *Kun-*

denmenü lauten. Beim Anbieter *Strato* müssen Sie zusätzlich auf *Hier einloggen für Ihre Internetpräsenz* klicken.

2. Geben Sie die Zugangsdaten ein, die Sie per E-Mail von Ihrem Internetanbieter erhalten haben, und klicken Sie auf *Login in den Kundenservice*.
3. Beim Anbieter Strato klicken Sie auf *Einstellungen | Passwörter* ändern, um in den Passwortbereich zu gelangen. Klicken Sie hier neben *Masterpasswort* auf *Ändern*, und geben Sie das gewünschte Kennwort für den FTP-Zugriff ein. Merken Sie sich das Kennwort gut, Sie brauchen es später beim Hochladen von Dateien. Als FTP-Benutzernamen verwenden Sie später Ihre Internetadresse wie www.kanada-reisetipps.de.
   Bei anderen Internetanbietern wie 1&1 erfahren Sie das aktuelle FTP-Passwort im Kundenbereich unter *Zugänge | FTP-Zugang*. Auf der Übersichtsseite stehen der Benutzername und das Kennwort für den FTP-Zugang Ihrer Homepage.

Masterpasswort: Ändern

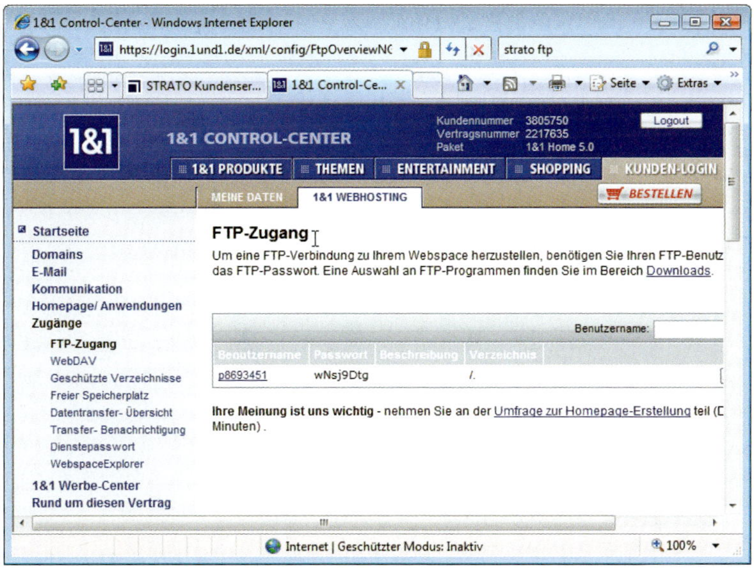

Die wichtigen FTP-Zugangsdaten Ihrer Homepage erfahren Sie im Kundenbereich Ihres Internetanbieters.

Schnelle Ergebnisse mit dem Homepage-Baukasten

Viele Internetprovider bieten einen besonderen Service an. Im Kundenbereich finden Sie einen Homepage-Baukasten, mit dem Sie innerhalb weniger Minuten Ihre erste eigene Homepage gestalten können. Nach dem Baukastenprinzip stellen Sie Stück für Stück die einzelnen Seiten der Homepage zusammen. Die Baukastensysteme bieten zwar wenig Freiraum für eigene Ideen, liefern aber schnelle Ergebnisse. Das ist ideal, wenn Sie nur wenig Zeit haben und schnell mit Ihrer eigenen Webseite online gehen möchten.

So geht's:

Wie einfach die Webseitengestaltung mit einem Homepage-Baukasten ist, zeigt das folgende Beispiel des Internetanbieters 1&1 (www.1und1.de):

1. Rufen Sie die Webseite www.1und1.de auf, und klicken Sie auf *Kunden-Login*.
2. Geben Sie die Zugangsdaten Ihrer Homepage ein, und klicken Sie auf *Login*.
3. Anschließend klicken Sie im Bereich *Homepage* | *Anwendungen* auf *1&1 Homepage-Baukasten*.

4. Klicken Sie auf *Anlegen*, geben Sie einen treffenden Namen für die Homepage ein, und wählen Sie aus der Liste *Internet-Adresse* eine der reservierten Adressen aus. Bestätigen Sie die Eingaben mit *OK*.

5. Eine erste Version der Homepage ist damit bereits eingerichtet. Klicken Sie auf *Öffnen*, um den Homepage-Baukasten zu starten.
6. Klicken Sie auf *Einstellungen*, und geben Sie den Homepagetitel, Ihren Namen sowie eine Beschreibung ein. Mit *Speichern* kehren Sie zum Baukasten zurück.
7. Mit einem Mausklick auf *Layout* legen Sie das Design Ihrer Webseite fest. Über die Schaltfläche *Ändern* können Sie das Grundlayout, das Farbschema sowie die Grafiken ändern. Klicken Sie auf *Speichern*, um die Änderungen zu übernehmen.
8. Klicken Sie auf die Schaltfläche *Seiten*, um die Seitenstruktur fest-

zulegen. Die *Homepage* (Startseite) ist bereits vorab eingetragen. Über die Schaltfläche *Neu* legen Sie weitere Seiten und Unterseiten an.

Empfehlenswert ist für jedes Thema oder jede Kategorie eine eigene Seite, bei einer Webseite über Urlaubsziele etwa *Anreise, Unterkunft, Reiseziele* und *Tipps*. Klicken Sie auf *Speichern*, um zur Übersichtsseite zurückzukehren.

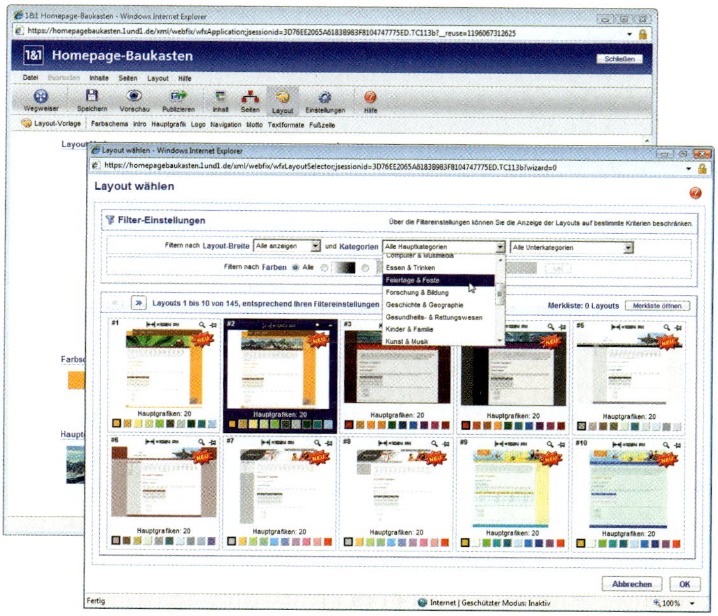

Der Vorteil der Baukastensysteme: Sie können aus Dutzenden fertigen Profilayouts Ihr Lieblingsdesign auswählen. Die Webseite sieht bereits von Anfang an professionell aus.

9. Jetzt müssen Sie das leere Grundgerüst nur noch mit Inhalt füllen. Hierzu klicken Sie auf die Schaltfläche *Inhalt*.
Im Baukasten-Editor sehen Sie eine Vorschau Ihrer Homepage. Klicken Sie auf die Seite, die Sie bearbeiten möchten, und geben Sie den gewünschten Text ein. Über die Symbolleiste am oberen Fensterrand können Sie den Inhalt – wie bei einem Textverarbeitungsprogramm – mit unterschiedlichen Schriften, Schriftgrößen und -farben formatieren. Auch das Einfügen von Grafiken und Tabellen ist ganz einfach.
Vergessen Sie nicht, alle Änderungen immer mit einem Klick auf *Speichern* zu sichern!

10. Mit einem Klick auf *Vorschau* werfen Sie vorab schon einmal einen Blick auf das spätere Ergebnis.
Gefallen Ihnen die Webseiten, klicken Sie auf *Publizieren* und bestätigen mit *OK*. Ihre Änderungen sind sofort auf Ihrer Webseite sichtbar.

Im Baukasten-Editor füllen Sie die vorbereiteten Seiten mit Texten, Grafiken und Tabellen.

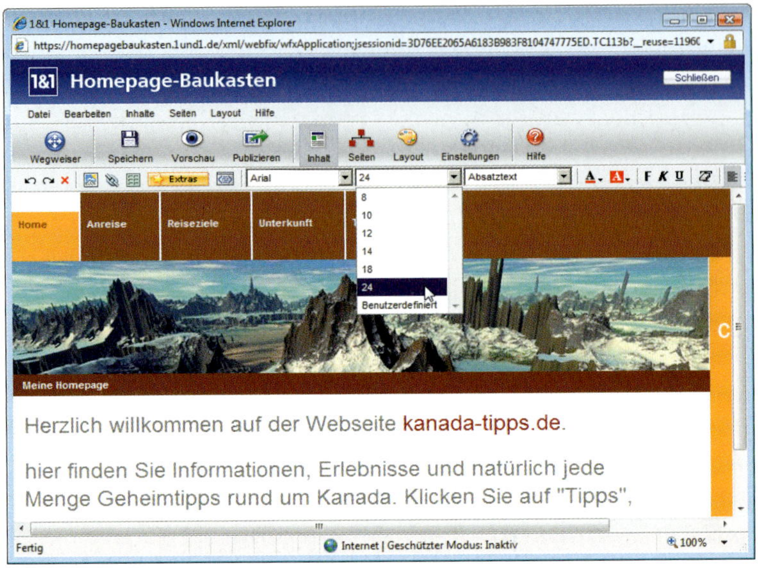

Achtung

Stolperfallen

Auch beim Einsatz des Homepage-Baukastens sollten Sie genau darauf achten, welche Inhalte Sie veröffentlichen. Gewaltverherrlichende, rassistische und pornografische Inhalte sind tabu. Und auch, wenn es sich um eine private Homepage handelt, sollten Sie Ihre Webseite um ein Impressum ergänzen. Was ein Impressum ist und worauf Sie beim Veröffentlichen von Webinhalten noch achten müssen, erfahren Sie im Kapitel *Achtung: Juristische Fallstricke* (→ Seite 161).

Individuelle Homepages mit Webeditoren

Die Baukastensysteme der Internetanbieter liefern schnelle Erfolgserlebnisse. Dank fertiger Layoutvorlagen und vorgegebener Standardseiten sind die ersten Webseiten schnell veröffentlicht. Die Bearbeitungsmöglichkeiten der Baukästen sind allerdings sehr beschränkt. Es lässt sich immer nur das einbauen, was der Baukasten hergibt. Individuelle Designs oder das direkte Bearbeiten des HTML-Quellcodes (Programmiersprache der Webseite) sind nicht möglich.

Mehr Freiheit bieten Webeditoren, auch HTML-Editoren genannt. Damit haben Sie in Sachen Layout, Seitenaufbau und Inhalt den größtmöglichen Gestaltungsspielraum. Die Webeditoren arbeiten nach einem einfachen Prinzip: Im Editor gestalten Sie Ihre Webseiten offline, das heißt ohne Onlineverbindung. Erst wenn eine Seite fertig gestaltet wurde, wird sie auf die Homepage übertragen und ist erst dann für jedermann im Web sichtbar.

Programmierkenntnisse sind für die Homepagegestaltung nicht nötig. Die Seitengestaltung ähnelt dabei der Arbeit mit einem Textverarbeitungsprogramm. Wie bei Word schreiben Sie mit dem Webeditor den Inhalt der einzelnen Seiten und ergänzen Grafiken und Tabellen.

NVU Composer herunterladen und installieren

Zu den besten kostenlosen Webeditoren gehört das Gratisprogramm Nvu Composer, das auf den folgenden Seiten erläutert wird.

So geht's:

Gehen Sie folgendermaßen vor, um das Webseiten-Gestaltungsprogramm Nvu Composer herunterzuladen und zu installieren:

1. Rufen Sie die Webseite www.nvu-composer.de auf.
2. Klicken Sie rechts neben *Neueste Version Nvu* auf den Link *Herunterladen* und anschließend auf *Windows: Installer*.
3. Bestätigen Sie die Sicherheitswarnung mit einem Klick auf *Ausführen*.
4. Sobald der Download abgeschlossen ist, klicken Sie auf die Schaltfläche *Öffnen* und anschließend auf *Ausführen*.
5. Folgen Sie den Anweisungen des Setupassistenten, um die Installation abzuschließen.

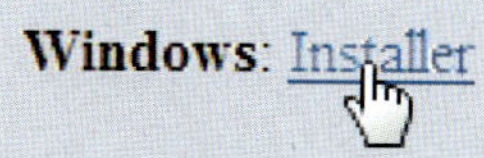

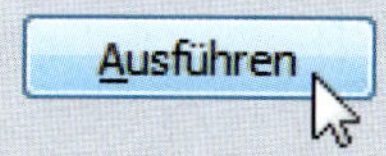

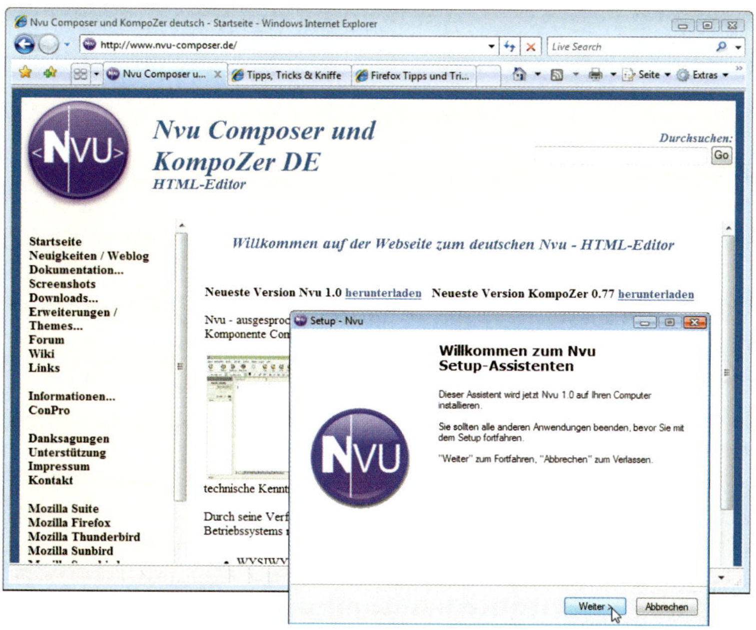

Auf der Webseite www.nvu-composer.de finden Sie kostenlose Software zum Gestalten eigener Internetseiten.

NVU Composer einrichten

Nach der Installation sollten Sie den Nvu Composer zunächst für Ihre Homepage konfigurieren und die wichtigsten Grundeinstellungen vornehmen.

So geht's:

Um den Webeditor für das Bearbeiten der eigenen Homepage vorzubereiten, gehen Sie folgendermaßen vor:

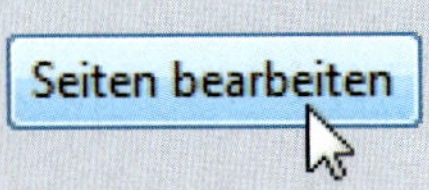

1. Starten Sie den Nvu Composer (*Start | Alle Programme | Nvu | Nvu*), und klicken Sie in der linken Spalte auf *Seiten bearbeiten*.
2. Geben Sie im folgenden Fenster den Titel (*Seiten-Name*) sowie die Internetadresse (*HTTP-Adresse*) Ihrer Homepage ein.

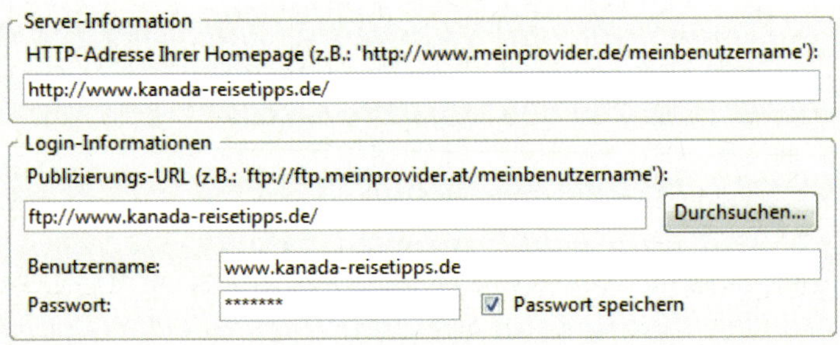

   Ganz wichtig sind die Felder im Bereich *Login-Informationen*. Hier tragen Sie die FTP-Zugangsdaten Ihrer Homepage ein. Den FTP-Benutzernamen und das Passwort erfahren Sie im Kundenbereich Ihrer Webpräsenz, meist unter *FTP-Zugänge*.
3. Klicken Sie auf *OK*, um die Eingaben zu speichern.

Da Sie die FTP-Zugangsdaten eingetragen haben, kann der Webeditor jetzt direkt über das Internet auf die Dateien Ihrer Homepage zugreifen. Klicken Sie in der Seitenleiste auf das Pluszeichen neben dem Webseitennamen, um alle dort bereits gespeicherten Seiten anzuzeigen. Übrigens: Die Seite *index.html* oder *index.htm* bezeichnet die Startseite Ihrer Homepage, die beim Aufruf Ihrer Internetadresse zuerst angezeigt wird.

Sollte beim Klick auf das Pluszeichen die Fehlermeldung *Login nicht erfolgreich* erscheinen, überprüfen Sie noch einmal über die Schaltfläche *Seiten bearbeiten* die FTP-Zugangsdaten. Selbst kleinste Tippfehler oder Zahlendreher in den Feldern *Publizierungs-URL, Benutzername* und *Passwort* lassen den Verbindungsaufbau scheitern.

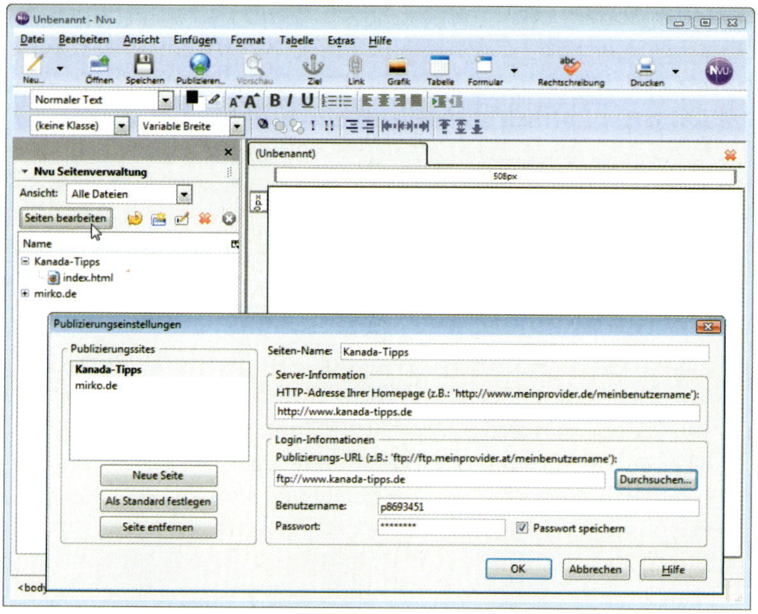

Geben Sie Ihre FTP-Zugangsdaten ein, damit der Nvu Composer direkt auf die Webseiten Ihrer Homepage zugreifen kann.

Designvorlagen herunterladen

Damit Sie beim Gestalten Ihrer eigenen Homepage nicht mit einem leeren „Blatt Papier“ beginnen müssen, empfiehlt sich der Einsatz fertiger Vorlagen. Im Internet gibt es eine Reihe kostenlos verfügbarer Designvorlagen, die Sie als Anregung oder als Grundlage für Ihre eigene Webseite verwenden können.

So geht's:

Gehen Sie folgendermaßen vor, um eine fertige Homepagevorlage herunterzuladen und in den Nvu Composer einzubinden:

1. Gute kostenlose Vorlagen finden Sie auf der Webseite www.webdesign-vorlage.de. Klicken Sie hier auf den Link *Kostenlose Vorlagen*. Knapp 40 professionell gestaltete Webdesigns stehen zur Auswahl.

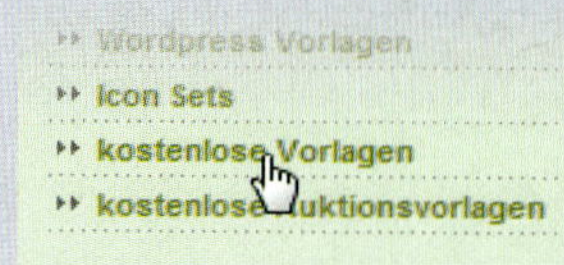

2. Klicken Sie auf den Downloadlink, um die zugehörigen Dateien herunterzuladen, zum Beispiel auf *andreas07.zip*.

3. Anschließend entpacken Sie die heruntergeladene Zip-Datei, indem Sie sie doppelt anklicken und den Befehl *Alle Dateien extrahieren* aufrufen. Speichern Sie die Dateien am besten in einem eigenen Ordner im Bereich *Eigene Dateien*, etwa in *Eigene Dateien\Meine Homepage\Kanada-Reisetipps*. Das ist der Ordner, in dem Sie später auch die weiteren Dateien Ihrer Homepage ablegen.
4. Im nächsten Schritt sollten Sie die Vorlagendateien per FTP auf Ihren Webspeicherplatz übertragen. Starten Sie hierzu Ihr FTP-Programme – etwa FileZilla (www.filezilla.de) –, und geben Sie die FTP-Zugangsdaten Ihrer Webpräsenz ein. Wechseln Sie anschließend in der linken Fensterhälfte (hier sehen Sie den Inhalt Ihrer Festplatten) in den Vorlagenordner. Markieren Sie mit [Strg]+[A] alle Vorlagendateien, inklusive dem Unterordner *img*.
   Jetzt klicken Sie mit der rechten Maustaste auf die markierten Dateien und wählen den Befehl *Hochladen*. Die Vorlagendateien werden anschließend nach rechts in den FTP-Bereich Ihrer Webseite kopiert.
   Ob die Übertragung erfolgreich war, können Sie leicht prüfen: Rufen Sie die Internetadresse Ihrer Homepage auf. Wurde alles korrekt übertragen, sehen Sie jetzt die Beispielvorlage.

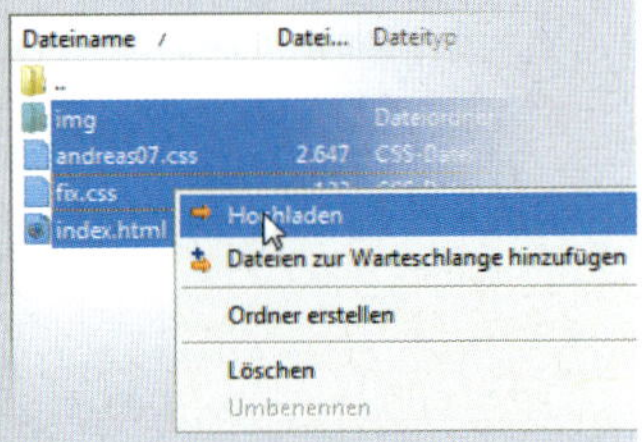

Die Startseite gestalten und veröffentlichen

Nachdem Sie die Vorlage per FTP auf Ihren Webspeicherplatz übertragen haben, können Sie mit der Gestaltung der Startseite beginnen. Die Startseite ist die erste Seite Ihrer Homepage, die Besucher beim Aufruf Ihrer Internetadresse zu sehen bekommen. Sie ist die Visitenkarte Ihrer Homepage und sollte Appetit auf mehr machen. Je attraktiver die Startseite ist, umso länger werden die Besucher auf Ihrer Homepage verweilen.

So geht's:

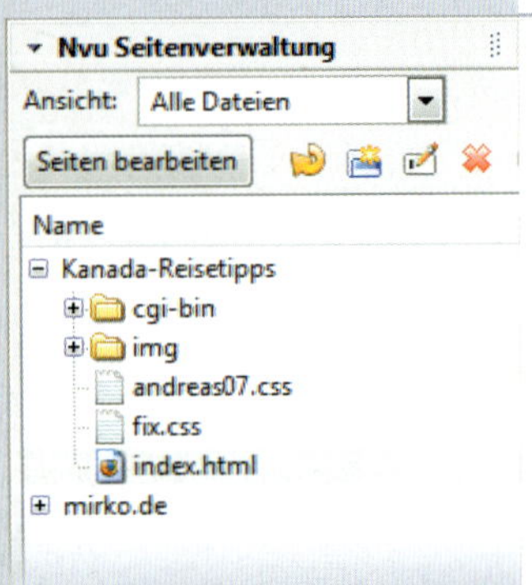

Zur Gestaltung der Startseite mit dem Nvu Composer gehen Sie folgendermaßen vor:

1. Starten Sie den Nvu Composer (*Start | Alle Programme | Nvu | Nvu*), und klicken Sie auf die Schaltfläche *Öffnen*.
   Wechseln Sie anschließend in den Ordner der Festplatte, in den Sie die Vorlagendateien entpackt haben – etwa *Eigene Dateien\Meine Homepage\Kanada-Reisetipps* –, und klicken Sie doppelt auf die Datei *index.html*. Dahinter verbirgt sich die Startseite Ihrer Homepage.

Achtung

Datei *index.html* nicht umbenennen!

Bei jeder Webseite wird einheitlich der Name *index.html* für die Einstiegsseite einer Homepage verwendet. Benennen Sie die Datei *index.html* daher nicht um, da ansonsten beim Aufruf Ihrer Internetadresse eine Fehlermeldung erscheint. Bei den Unterseiten gibt es eine solche Beschränkung nicht – hier können Sie beliebige Namen verwenden, etwa *anreise.html, tipps.html* oder *impressum.html*.

2. Im Bearbeitungsfenster erscheint die Startseite Ihrer Homepage. Da Sie eine Vorlage verwenden, sind bereits einige Beispieltexte vorhanden. Der Vorteil der Vorlage: Der komplette Seitenaufbau (links Navigation, rechts Inhalt) ist bereits vorgegeben; Sie müssen das Grundgerüst nicht selbst bauen.
   Die Gestaltung der Homepage ist jetzt einfach: Überschreiben Sie die Beispieltexte mit eigenen Inhalten. Platzieren Sie dazu die Einfügemarke innerhalb des Beispieltexts, und überschreiben Sie diesen einfach. Geben Sie zum Beispiel oben links den Titel Ihrer Webseite ein. Ersetzen Sie die englischen Bezeichnungen der Navigationsbereiche durch die gewünschten Überschriften. Im rechten Bereich geben Sie Überschrift und Text für den ersten Beitrag auf der Homepage ein.
   Die Bedienung des Editors ist so einfach wie bei der Textverarbeitung. Auch hier finden Sie in der Symbolleiste Schaltflächen zur Textgestaltung. Sollte beispielsweise die Textgröße oder -farbe nicht zusagen, wählen Sie über die Schaltflächen einfach eine andere Formatierung.

3. Sobald die Texte angepasst sind, speichern Sie die Änderungen per Mausklick auf die Schaltfläche *Speichern*.
4. Rufen Sie den Befehl *Format | Seitentitel und -einstellungen* auf, und tragen Sie den Titel Ihrer Webseite sowie eine Kurzbeschreibung ein. Bestätigen Sie die Eingaben mit *OK*.

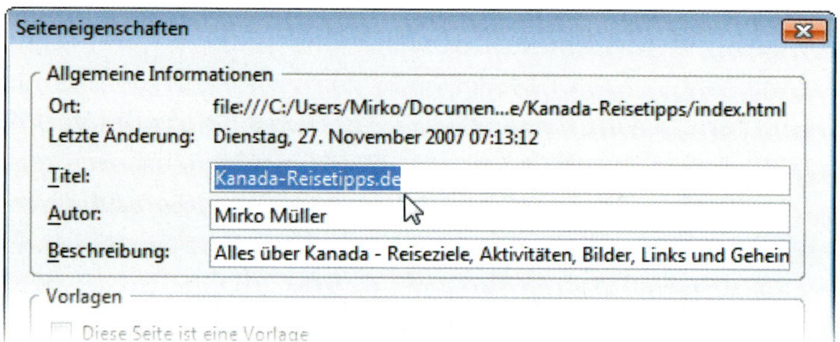

Tipp

Gute Bildbearbeitungsprogramme

Für die Bearbeitung der Internetbilder eignet sich Fotosoftware wie Adobe Photoshop Elements (www.adobe.com/de/products/photoshopelwin/, circa 90 Euro) und Paintshop Pro (www.corel.com, circa 80 Euro). Eine gute kostenlose Alternative ist Google Picasa (picasa.google.de, ohne „www.").

5. Im nächsten Schritt können Sie die Beispielgrafiken der Vorlage durch ein eigenes Foto ersetzen. Hierzu ist ein wenig Vorbereitung nötig.
   Bearbeiten Sie das gewünschte Foto zuerst mit einem Bildbearbeitungsprogramm, sodass es bereits im Vorfeld die richtigen Maße hat, zum Beispiel 512 x 160 Pixel wie das Beispielfoto. Und ganz wichtig: Speichern Sie die Grafik als JPG-Datei im Ordner *img* Ihrer lokal gespeicherten Homepagedateien, etwa im Ordner *Eigene Dateien\Meine Homepage\Kanada-Reisetipps\img*.

6. Platzieren Sie die Einfügemarke an die Position, an der die Grafik erscheinen soll. Sie können auch eine bestehende Grafik ersetzen, indem Sie sie per Mausklick markieren. Klicken Sie anschließend auf die Schaltfläche *Grafik*.
   Wählen Sie jetzt über die Schaltfläche *Durchsuchen* die gewünschte Grafikdatei aus. Geben Sie in das Feld *Alternativtext* eine kurze Bildbeschreibung ein, und klicken Sie auf *OK*. Die Grafik erscheint daraufhin im Editorfenster.
   Die Position und Größe der Grafik können Sie auch im Nachhinein noch verändern. Hierzu klicken Sie doppelt auf die Grafik, um das Dialogfenster *Grafik-Eigenschaften* einzublenden. Im Register *Größe* legen Sie anschließend die gewünschten Abmessungen fest. Wichtig ist das Register *Erscheinungsbild*. Hier bestimmen Sie, wie viel Platz um die Grafik bleiben soll und wie sich der Text an der Grafik ausrichtet. Mit der Einstellungen *Rechts umbrechen* fließt der Text rechts um die Grafik herum.

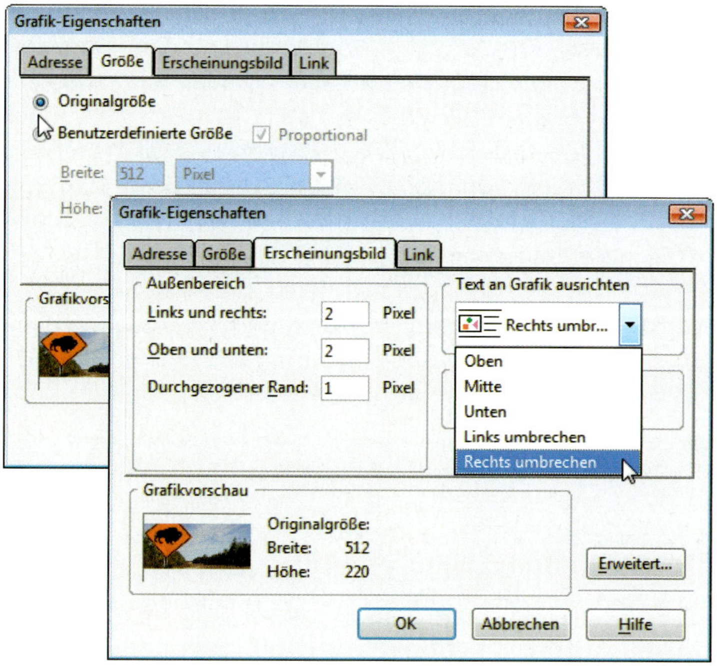

7. Sobald die erste Version der Startseite fertig ist, können Sie die Seite auf Ihrer Homepage veröffentlichen. Klicken Sie zunächst auf die Schaltfläche *Speichern*, um die aktuelle Version auf der lokalen Festplatte zu speichern.

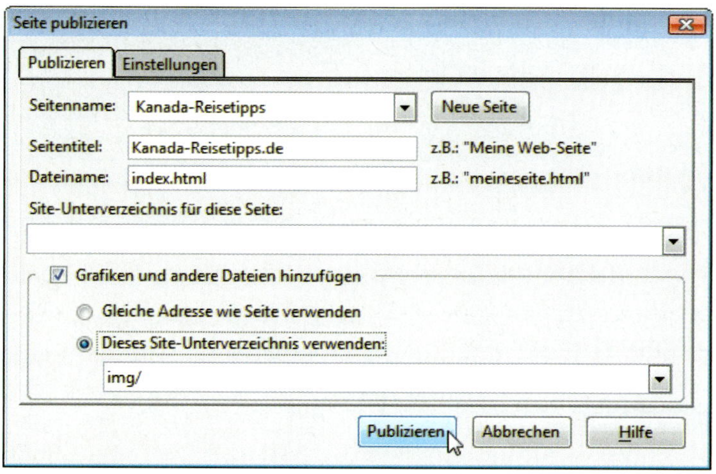

8. Anschließend klicken Sie auf die Schaltfläche *Publizieren*. Kreuzen Sie im folgenden Fenster das Kontrollkästchen *Grafiken und andere Dateien hinzufügen* an. Wählen Sie die Option *Dieses Site-Unter-*

verzeichnis verwenden, und geben Sie das Unterverzeichnis „img/" (inklusive Schrägstrich) an. Damit sorgen Sie dafür, dass alle eingebetteten Bilder automatisch in das Unterverzeichnis *img* Ihrer Homepage kopiert werden.

9. Klicken Sie auf die Schaltfläche *Publizieren*, um die Webseite sowie die eingefügten Grafiken auf Ihren Webspeicherplatz zu übertragen. Im Statusfenster erkennen Sie, welche Seiten und Dateien erfolgreich kopiert wurden.

Sobald die Übertragung abgeschlossen ist, können Sie sofort online prüfen, wie die Homepage im Browser aussieht. Starten Sie den Internetbrowser, und rufen Sie die Adresse Ihrer Homepage auf.

Mit dem Nvu Composer gestalten Sie zunächst die Startseite Ihrer Homepage.

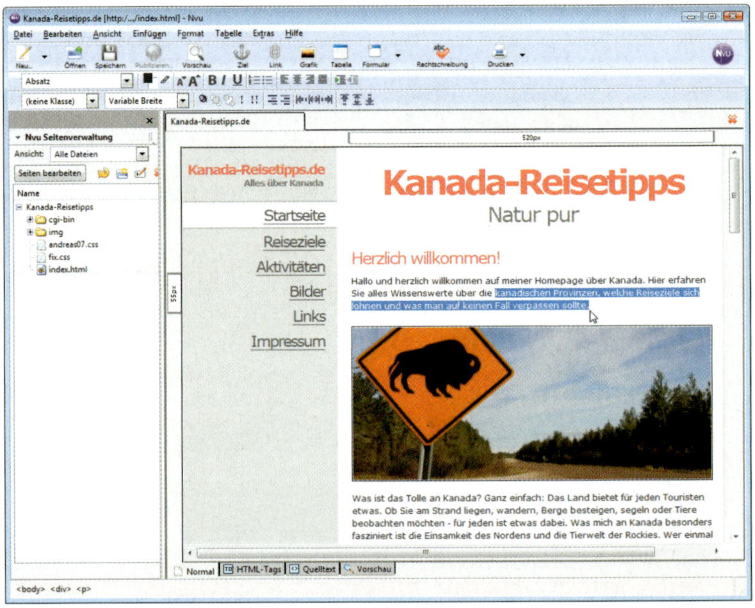

Weitere Seiten gestalten und verlinken

Sobald das Grundgerüst der Startseite steht, können Sie im nächsten Schritt die weiteren Unterseiten Ihrer Homepage gestalten und diese untereinander verlinken.

So geht's:

Um Ihre Homepage um weitere Seiten zu ergänzen, gehen Sie wie folgt vor:

1. Das Grundprinzip zum Anlegen weiterer Unterseiten ist einfach:

Sie nehmen eine bereits bestehende Seite – etwa die Startseite –, speichern sie unter einem neuen Namen und nehmen die entsprechenden Änderungen vor. Auf diese Weise müssen Sie nicht jedes Mal mit einer leeren Seite starten.
Um eine bestehende Seite zu kopieren, öffnen Sie im Nvu Composer die gewünschte Seite, etwa die Startseite *index.html*. Rufen Sie anschließend den Befehl *Datei | Speichern unter* auf, und speichern Sie die Seite unter einem neuen Dateinamen, etwa *aktivitaeten.html* oder *bilder.html*.

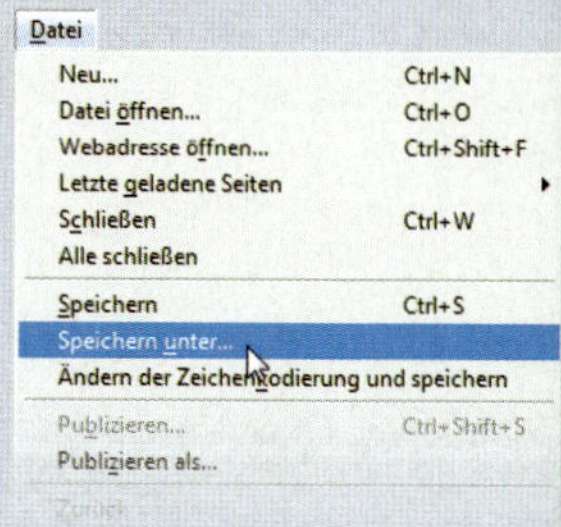

2. Damit haben Sie eine Kopie der ursprünglichen Seite angelegt. Hier müssen Sie nur noch die gewünschten Änderungen vornehmen und beispielsweise Bilder oder Reiseberichte ergänzen. Wiederholen Sie die Schritte, um nach und nach die einzelnen Unterseiten Ihrer Homepage fertigzustellen.

Achtung

Impressum nicht vergessen.

Legen Sie auch eine Seite für das Impressum an. In Deutschland muss jede Webseite – auch eine private – über eine Impressumseite verfügen. Hier sind Name und Kontaktdaten des Homepagebesitzers aufgeführt. Welche Angaben ins Impressum gehören und auf welche rechtlichen Rahmenbedingungen Sie noch achten müssen, erfahren Sie im Kapitel *Achtung: Juristische Fallstricke* (→ Seite 161).

3. Besonders wichtig ist der Navigationsbereich Ihrer Webseite. Damit Ihre Leser später von einer zu anderen Seiten springen können, müssen Sie im Navigationsbereich Links (Verknüpfungen) zu den neu angelegten Seiten ergänzen. Sollen Leser beispielsweise später über den Link *Bilder* zur Seite *bilder.html* gelangen, müssen Sie auf jeder Webseite, die Navigationselemente enthält, einen Link zur Seite *bilder.html* platzieren.

Hierzu markieren Sie mit gedrückter Maustaste die Textpassage, die als Link fungieren soll, und rufen den Befehl *Einfügen | Link* auf. Geben Sie anschließend den Dateinamen der Webseite ein, zu der gelinkt werden soll, etwa „bilder.html". Wiederholen Sie diesen Schritt für alle Webseiten und alle dort hinterlegten Links zu Unterseiten; das können je nach Umfang der Homepage eine ganze Menge sein. Achten Sie darauf, dass alle Seiten untereinander korrekt verlinkt sind.

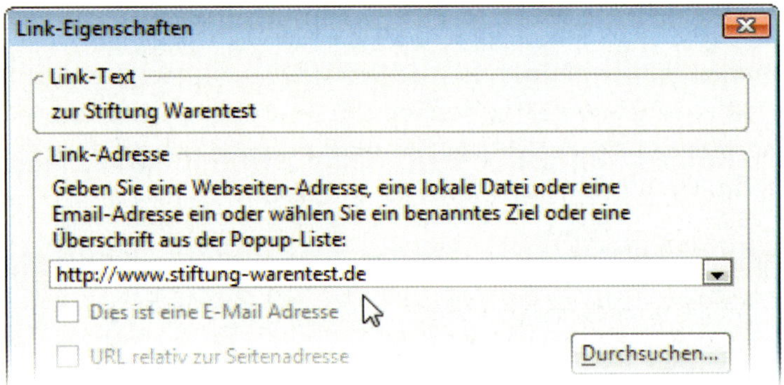

Links zu externen Webseiten lassen sich ebenfalls leicht einrichten. Geben Sie im Dialogfenster *Link-Eigenschaften* die Zieladresse inklusive dem Zusatz „http://" ein, zum Beispiel „http://www.test.de".

4. Sobald die neue Seite fertig gestaltet und mit Links zu den Unterseiten versehen ist, können Sie sie direkt speichern und veröffentlichen (Schaltfläche *Publizieren*). Stück für Stück wächst damit Ihre Homepage zu einem kleinen Netzwerk verknüpfter Einzelseiten.

Über Verlinkungen sind alle Seiten Ihrer Homepage untereinander verknüpft. Achten Sie darauf, dass die Verlinkungen auf jeder Unterseite korrekt gesetzt sind.

Homepage de luxe: Contentmanagementsysteme

Bei kleinen Homepages mit zehn oder zwölf Unterseiten sind Seitenaufbau und Navigation noch leicht zu überblicken. Die Verlinkung der Seiten untereinander nimmt zwar einige Zeit in Anspruch, der Aufwand ist aber überschaubar. Schwieriger wird es, wenn die Homepage wächst und um weitere Kategorien und Unterbereiche erweitert werden soll. Oder wenn mehrere Personen wie Freunde, Mitarbeiter, Vereinskollegen oder Familienmitglieder an der Webseite mitarbeiten sollen.

Für große Webseiten lohnt sich der Einsatz eines Contentmanagementsystems, kurz CMS. Das CMS ist ein Redaktionssystem und kommt vornehmlich bei großen, redaktionell gepflegten Webseiten wie Onlinemagazinen und Nachrichtenportalen zum Einsatz. Das CMS ermöglicht das gemeinschaftliche Erstellen und Bearbeiten von Text- und Multimediainhalten.

Das Besondere am CMS: Inhalt und Layout sind strikt getrennt. Beim CMS bearbeiten Sie nicht die Webseite selbst, sondern geben in einem speziellen Eingabeformular lediglich den Inhalt – den Content – in eine Datenbank ein. Das können Texte, Bilder, Videos oder eine Mischung daraus sein. Das Contentmanagementsystem bezieht anschließend die Daten aus der Datenbank und stellt sie gemäß den Designvorgaben auf der Webseite dar.

Die Einrichtung und Pflege eines Contentmanagementsystems ist sehr aufwendig und würde den Rahmen dieses Buches sprengen. Zudem lohnt sich ein CMS nur, wenn Sie mehrere Hundert Einzelseiten und -beiträge veröffentlichen möchten. Für private Webseiten sind Blogs oder selbst gestaltete Homepages die bessere Wahl.

Wenn Sie es trotzdem probieren möchten: Besonders erfolgreich und weit verbreitet sind die folgenden Contentmanagementsysteme. Alle genannten Beispiele sind für den privaten Einsatz kostenlos. Auf den Webseiten der Anbieter finden Sie Referenzbeispiele und ausführliche Informationen zur Installation:

- papaya CMS (www.papaya-cms.com)
- Drupal (www.drupal.org)
- Contrexx (www.contrexx.com)
- basecmp (www.basecmp.de)
- bigace (www.bigace.de)
- Typo3 (www.typo3.org)
- Joomla (www.joomla.de)

Auf der Webseite www.cms-vergleich.de finden Sie eine Übersicht aller kommerziellen und kostenlos erhältlichen CMS-Systeme.

Gimmicks für die Homepage

Bei einer eigenen Homepage sind Sie im wahrsten Sinne des Wortes der Herr im Hause. Sie bestimmen das Aussehen, wie die Seiten untereinander verknüpft sind und welche Inhalte veröffentlicht werden. Damit haben Sie auch die Freiheit, die eigene Homepage um weitere Funktionen zu erweitern. Da Sie direkt den HTML-Quellcode (die Programmiersprache Ihrer Webseite) bearbeiten, können Sie beispielsweise einen Newsticker, ein Gästebuch oder einen Eventkalender ergänzen. Im Internet gibt es zahlreiche Anbieter, die solche Zusatzfunktionen – auch Gimmicks genannt – kostenlos zur Verfügung stellen. Zu den beliebtesten Gimmicks zählen:

- **Forum**
  Richten Sie auf Ihrer Webseite ein Diskussionsforum ein, in dem Ihre Leser über relevante Themen debattieren können.
- **Gästebuch**
  Im Gästebuch können Leser Lob und Kritik zu Ihrer Homepage hinterlassen.
- **Newssystem**
  Mit einem Newssystem binden Sie tagesaktuelle Nachrichten direkt auf Ihrer Homepage ein.

- **Eventkalender**
  Ergänzen Sie Ihre Homepage um einen Eventkalender, in den Sie passend zum Thema Ihrer Homepage aktuelle Termine eintragen können.
- **Umfragen**
  Sehr beliebt sind Umfragen auf der eigenen Homepage. Per Mausklick können Ihre Leser an kleineren Befragungen teilnehmen, etwa „Wie sind Sie auf meine Seite aufmerksam geworden?“.
- **Landkarten**
  Ergänzen Sie Ihre Homepage um Landkarten, beispielsweise einen Ausschnitt aus Ihrer Heimatstadt.

Gimmicks installieren

Gimmicks für die Homepage werden von vielen Anbietern kostenlos zur Verfügung gestellt. Eine gut sortierte Übersicht finden Sie bei Onlyfree (www.onlyfree.de/hptools.php) und Webmart (www.webmart.de). Hier sind die einzelnen Gimmicks übersichtlich in Kategorien aufgeteilt und lassen sich direkt herunterladen.

So geht's:

Wenn Sie Ihre Homepage zum Beispiel um eine Zitatfunktion erweitern möchten, die jeden Tag ein neues Zitat auf der Startseite einblendet, gehen Sie wie folgt vor:

1. Rufen Sie die Webseite www.webmart.de auf. Um die kostenlosen Gimmicks des Anbieters nutzen zu können, müssen Sie sich zunächst registrieren. Klicken Sie hierzu auf die Schaltfläche *Jetzt anmelden*, und folgen Sie den Anweisungen des Assistenten.

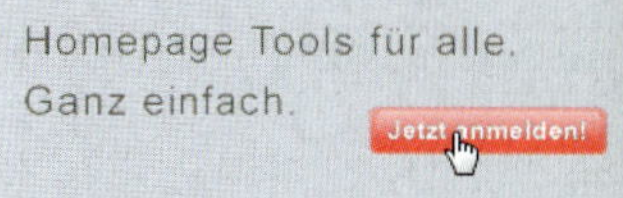

2. Melden Sie sich mit Ihrer WebmartID und Ihrem Kennwort an, und klicken Sie auf *Hauptauswahl*. Wählen Sie aus der Liste das gewünschte Gimmick aus, zum Beispiel *Zitate*.
3. Klicken Sie auf *Zitate aktivieren*.
4. Geben Sie die Adresse Ihrer Homepage ein, und klicken Sie auf *Speichern*.
5. Klicken Sie in der Übersichtsseite auf den Link mit Ihrer Homepage-Adresse. Es erscheint eine Vorschau der Zitatfunktion.
6. Klicken Sie auf *Layout*, um das Aussehen der Zitatbox zu verändern. Hier können Sie die Größe sowie Text- und Hintergrundfarben anpassen. Für ein harmonisches Bild verwenden Sie am besten Farben, die auch auf Ihrer Webseite vorkommen. Klicken Sie auf *Speichern*, um die Änderungen zu übernehmen.

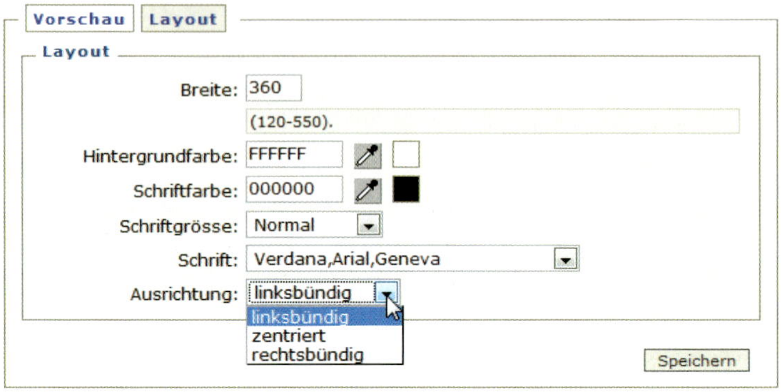

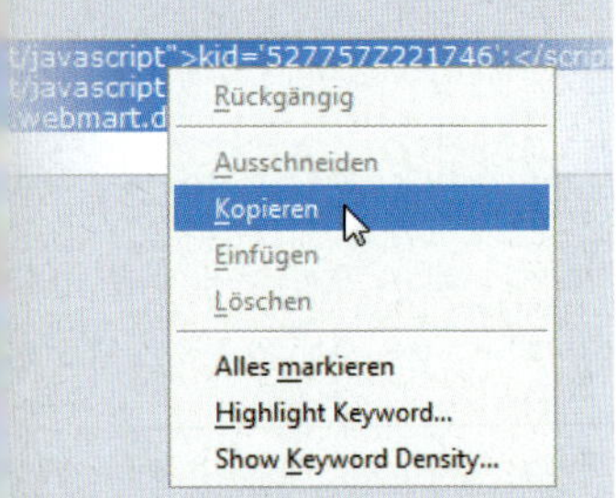

7. Anschließend klicken Sie in der linken Spalte auf *HTML-Code*.
8. Kopieren Sie den HTML-Code in die Zwischenablage. Hierzu klicken Sie einmal in das Formularfeld und drücken die Tastenkombination Strg + A. Klicken Sie mit der rechten Maustaste auf die Markierung, und rufen Sie den Befehl *Kopieren* auf. Der komplette Code befindet sich jetzt in der Zwischenablage von Windows.
9. Jetzt starten Sie den Webeditor Nvu Composer (*Start* | *Alle Programme* | *Nvu* | *Nvu*) und öffnen die Seite, auf der die Zitate später erscheinen sollen.
10. Platzieren Sie die Einfügemarke an die gewünschte Position, und rufen Sie *Ansicht* | *Quelltext* auf. Sie sehen jetzt den Quelltext Ihrer Seite. Drücken Sie die Taste ↵, um eine neue Zeile einzufügen.

Rufen Sie anschließend den Befehl *Bearbeiten* | *Einfügen* auf, um den zuvor kopierten Code für die Zitatfunktion in den Quelltext einzufügen.

11. Wechseln Sie wieder in die normale Ansicht (*Ansicht* | *Normaler Editier-Modus*), und speichern Sie die geänderte Seite mit dem Befehl *Datei* | *Speichern*. Anschließend klicken Sie auf die Schaltfläche *Publizieren*, um die Änderungen auch online auf Ihre Webseite zu übertragen.

Sofern der Gimmickcode richtig eingebaut wurde, erscheint auf der Webseite jetzt bei jedem Seitenaufruf ein neues Zitat. Der Einbau anderer Gimmicks, etwa des Eventkalenders, funktioniert ähnlich.

Besucher auf die Homepage locken

Ihre Homepage ist fertig, sie ist gespickt mit spannenden und interessanten Informationen? Dann fehlen jetzt nur noch Leser. Freunde und Familie werden sicherlich schnell auf die neue Webseite stoßen. Richtig erfolgreich wird die Seite aber erst, wenn Sie sie bei Suchmaschinen anmelden. Denn viele Leser finden erst über Suchdienste wie Google (www.google.de) und Yahoo! (www.yahoo.de) zu Ihrer Seite.

Die Webseite bei Suchmaschinen anmelden

Damit Suchmaschinen auf Ihre Seite aufmerksam werden, müssen Sie sie beim Suchdienst anmelden. Am wichtigsten ist eine Anmeldung bei der weltweit erfolgreichsten Suchmaschine Google.

So geht's:

Um Ihre Webseite bei Google anzumelden, gehen Sie wie folgt vor:

1. Rufen Sie die Webseite www.google.de auf.
2. Klicken Sie auf *Über Google*.
3. Klicken Sie rechts in der Spalte *Für Webseiten-Betreiber* auf den Link *Ihre URL hinzufügen/entfernen*.
4. Geben Sie anschließend in das Feld *URL* die Internetadresse inklusive dem Zusatz „http://“ ein, zum Beispiel „http://www.kanada-reisetipps.de“. In das Feld *Kommentare* können Sie eine Kurzbeschreibung eintippen.
5. Anschließend geben Sie die in der Grafik versteckte Buchstabenkombination ein und klicken auf *URL hinzufügen*.

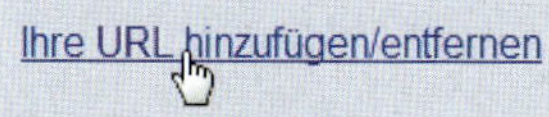

Info

Bin ich schon drin?

Ob Ihre Homepage bereits von Google besucht und in den Suchindex aufgekommen wurde, können Sie selbst überprüfen. Geben Sie in das Suchfenster von Google (www.google.de) das Kürzel „site:“, gefolgt von der Internetadresse Ihrer Homepage ein, zum Beispiel

site:www.kanada-reisetipps.de

Als Ergebnis erhalten Sie eine Übersicht aller Seiten, die bereits in die Datenbanken von Google aufgenommen wurden. In der Zeile *Ergebnisse* erfahren Sie genau, wie viele Seiten schon drin sind.

Die Anmeldung bei Google ist damit abgeschlossen. Die Suchroboter werden innerhalb der nächsten Tage Ihre Homepage besuchen und jede Seite in den Suchindex aufnehmen. Damit können auch fremde Internetnutzer Ihre Webseite finden.

Es gibt weitere Suchmaschinen, die lange nicht so häufig von Internetusern genutzt werden wie Google. Neben Google lohnt sich dennoch die Anmeldung bei folgenden Suchdiensten:

Suchmaschine	Infos zur Anmeldung
Yahoo!	siteexplorer.search.yahoo.com/submit (ohne „www.“)
MSN Live Search	search.msn.de/docs/submit.aspx (ohne „www.“)
DMOZ Open Directory Project	Dieses Verzeichnis verwenden viele Suchmaschinenroboter zum Auffinden neuer Webseiten. Um Ihre Seite hinzuzufügen, wechseln Sie auf der Webseite www.dmoz.org in die passende Unterkategorie und klicken dort auf *URL vorschlagen*.

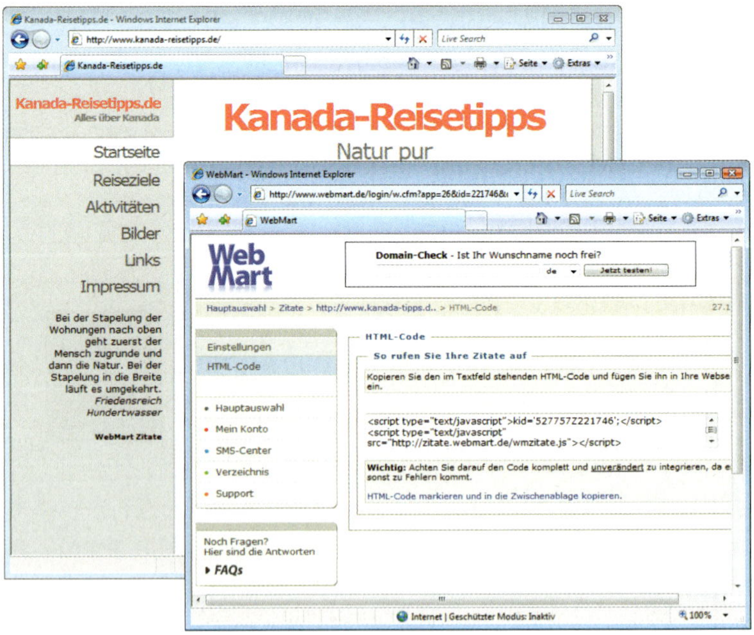

Der wichtigste Schritt für mehr Besucher ist die Anmeldung bei Suchmaschinen wie Google (www.google.de).

Damit Ihre Webseite von möglichst vielen Suchmaschinennutzern gefunden wird, muss sie sich von der Masse der Webseiten abheben. Generell gilt bei Suchmaschinen der Grundsatz „Content is king", frei übersetzt „Der Inhalt ist König". Je interessanter, umfangreicher und außergewöhnlicher die Seite ist, desto häufiger wird sie bei Suchanfragen in den Toppositionen landen. Die hunderttausendste Webseite über Tipps zum Betriebssystem Windows wird in der Masse der Tippseiten untergehen. Eine Spezialwebseite über Labrador Retriever mit Informationen zu Pflege, Aufzucht und Krankheiten findet hingegen schneller Anhänger im Web. Je spezieller und individueller Ihre Webseite sich um ein bestimmtes Thema kümmert, umso erfolgreicher wird sie.

Wie viele Besucher hat meine Webseite überhaupt?

Wie erfolgreich die eigene Webseite ist, lässt sich messen. Spezielle Statistiktools ermitteln genau, wie viele Internetnutzer Ihre Seite lesen, woher sie kommen, welche Seiten am beliebtesten sind und auf welcher Seite sie Ihre Homepage wieder verlassen haben. Möglich machen das Analysewerkzeuge wie Google Analytics. Sie müssen lediglich ein Stück HTML-Code in Ihre Webseite einbauen, und schon beginnt Google Analytics mit der Auswertung.

So geht's:

Um Ihre eigene Homepage – das kann auch ein Blog oder ein Wiki sein – mit dem kostenlosen Analysetool Google Analytics auszuwerten, gehen Sie folgendermaßen vor:

1. Rufen Sie die Webseite www.google.com/analytics/ auf, und wechseln Sie über das Listenfeld in der rechten oberen Ecke zur Sprache *Deutsch*.
2. Falls Sie noch nicht über ein Google-Benutzerkonto verfügen, klicken Sie zunächst auf *Anmeldung für Neukunden*. Folgen Sie den Anweisungen des Installationsassistenten, um ein neues Google-Konto einzurichten.
3. Geben Sie anschließend die Zugangsdaten zu Ihrem Google-Konto ein, und klicken Sie auf *Anmelden*.
4. Wechseln Sie in das Register *Analytics*.
5. Um Ihre Homepage zur Liste hinzuzufügen, klicken Sie auf *Websiteprofil hinzufügen*.
6. Geben Sie die Adresse Ihrer Webseite ein, und klicken Sie dann auf *Weiter*.

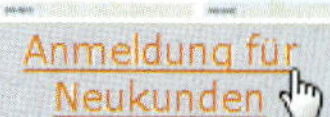

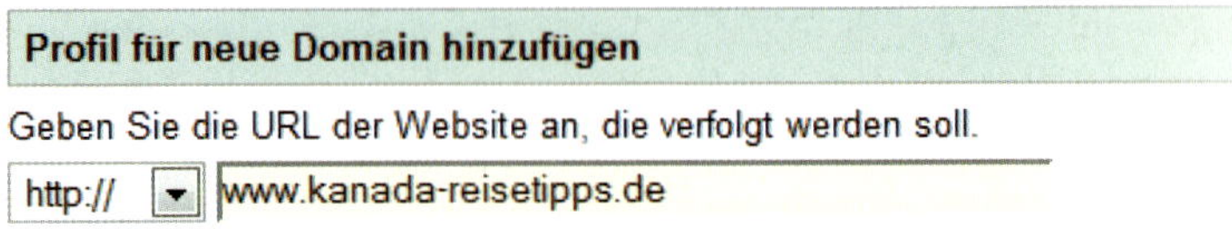

7. Auf der nächsten Seite erscheinen einige Zeilen HTML-Code. Diesen Code müssen Sie im nächsten Schritt auf jede Seite Ihrer Homepage einbauen.
   Kopieren Sie den Code in die Zwischenablage, indem Sie mit der rechten Maustaste in das Formularfeld klicken und den Befehl *Kopieren* aufrufen.
8. Klicken Sie abschließend auf *Fertigstellen*.

Jetzt müssen Sie den kopierten Code in den HTML-Quelltext Ihrer Webseite einfügen. Das funktioniert genau so, wie im Abschnitt *Gimmicks installieren* (→ Seite 135) beschrieben. Am besten setzen Sie den HTML-Code an das Ende der Webseiten.

Wichtig ist dabei, dass der Quellcode in allen Webseiten eingesetzt wird, damit Google Analytics jeden Seitenzugriff korrekt zählen kann.

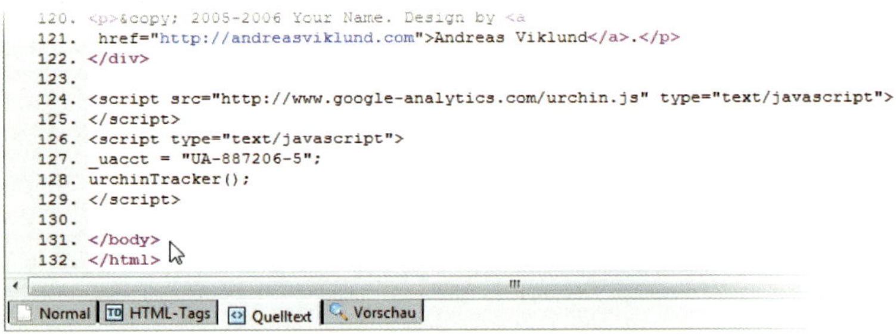

Übrigens: Bei WordPress-Blogs fügen Sie den Code über den Theme-Editor ein. Wechseln Sie hier über die Konfigurationsoberfläche in den Theme-Editor (*Themes* | *Theme-Editor*), und fügen Sie den Code in die Datei *Footer* ein. Geben Sie den Code mit Strg+V unmittelbar vor der Zeile *</body>* ein.

Da der Footer (Fußzeile) bei WordPress-Blogs automatisch am Ende jeder Webseite wiederholt wird, reicht es, den Code nur in diese Datei einzufügen.

Es dauert einige Tage, bis Google Analytics die ersten Ergebnisse gezählt und ausgewertet hat. Sobald die Zählung begonnen hat, können Sie in Ihrem Google-Analytics-Konto genau verfolgen, wie Ihre Homepage von den Internetnutzern angenommen wird.

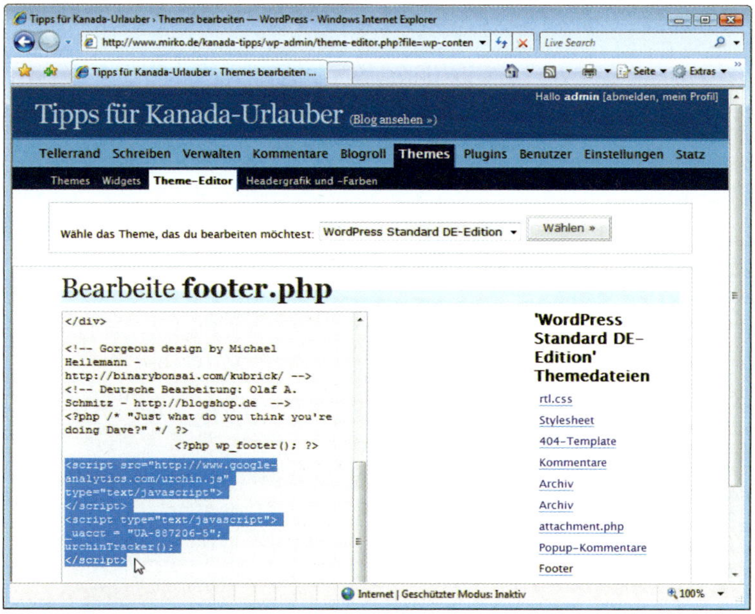

Fügen Sie den Google-Analytics-Code an das Ende Ihrer Webseite, kurz vor der Zeile *</body>* ein. Bei einem WordPress-Blog geht das am einfachsten über den Theme-Editor.

So geht's:

Um die Ergebnisse des Analysetools Google Analytics anzusehen und nachzuvollziehen, gehen Sie wie folgt vor:

1. Melden Sie sich auf der Seite www.google.com/analytics/ bei Ihrem Google-Konto an, und wechseln Sie in das Register *Analytics*.
2. Sofern der Google-Analytics-Code richtig eingebaut wurde, erscheint in der rechten Spalte *Status* die Bestätigung *Empfangen von Daten*.

	Name	Berichte	Einstellungen	Löschen	Status
1.	www.firefox-tipps-tricks.de	Berichte anzeigen	Bearbeiten	Löschen	✓ Empfangen von Daten Conversion-Ziele (0)
2.	www.kanada-reisetipps.de	Berichte anzeigen	Bearbeiten	Löschen	✓ Empfangen von Daten Conversion-Ziele (0)
3.	www.kanada-reisetipps.de	Berichte anzeigen	Bearbeiten	Löschen	Tracking-Code nicht erkannt Status prüfen

3. Klicken Sie rechts neben Ihrer Internetadresse auf *Bericht anzeigen*, um die Auswertung einzublenden.

Auf der nächsten Seite erfahren Sie genau, wie viele Leser Ihre Homepage in den letzten Tagen besucht haben. Über das *Dashboard* am linken Rand können Sie weitere Statistiken einblenden, etwa über die Herkunft Ihrer Besucher, welche Browser und Betriebssystem am häufigsten zum Einsatz kamen oder über welche Webseiten oder Suchbegriffe Besucher zur Ihrer Seite gefunden haben.

Das kostenlose Analysetool Google Analytics verrät bis ins kleinste Detail, wie oft, von wem und wie lange Ihre Webseite besucht wurde.

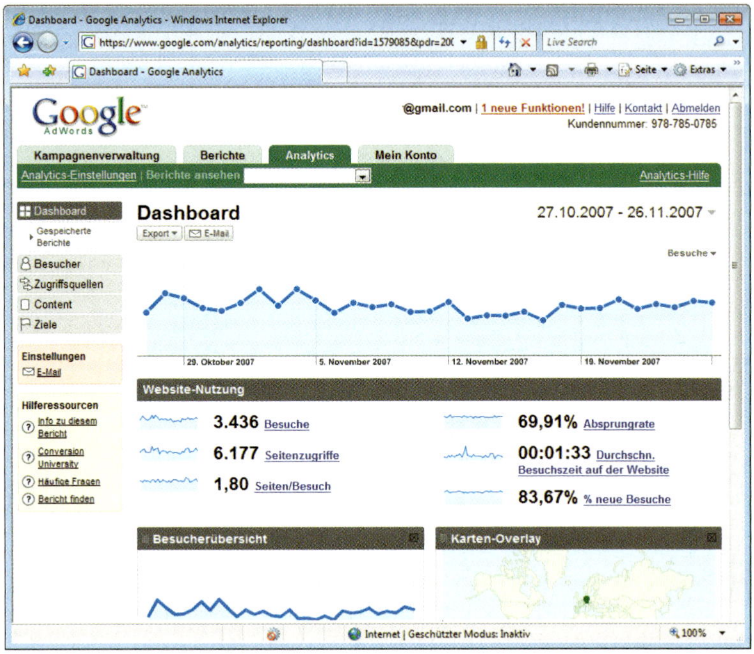

Geld verdienen mit der eigenen Homepage?

Auch wenn Sie nur eine private Homepage betreiben, können Sie mit Ihrer Webseite Geld verdienen.

Möglich machen das Werbepartner, die auf Ihrer Homepage Anzeigen einblenden. Für jeden Klick auf die Werbung oder für jeden darüber abgeschlossenen Kaufvertrag – etwa für ein Zeitschriftenabonnement – erhalten Sie eine kleine Provision. Pro Klick gibt es zwar nur einige wenige Cents, doch nach dem Motto „Kleinvieh macht auch Mist“ können damit pro Monat einige Euro zusammenkommen. Sehr gut besuchte Webseiten bringen es sogar auf mehrere Hundert, teilweise sogar über 1 000 Euro pro Monat. Sinnvoll ist natürlich, wenn Sie thematisch mit Ihrer Homepage verwandte Werbung verwenden können.

Wie viel Umsatzpotenzial die eigene Seite hat, lässt sich mit einer einfachen Formel leicht überschlagen. Gut platzierte Werbung bringt pro 1 000 Besucher ungefähr zwischen 50 Cent und 2 Euro. Eine Homepage mit 10 000 Seitenabrufen pro Monat erzielt so zwischen 5 und 20 Euro, bei 300 000 Abrufen sind es schon 150 bis 600 Euro.

Google AdSense einbauen

Besonders erfolgreich bei der Vermarktung von Werbeflächen ist Google AdSense, ein Ableger des Suchmaschinenbetreibers Google. Das Grundprinzip ist simpel: Sie ergänzen Ihre Homepage um ein Stück HTML-Code, und den Rest erledigt Google AdSense. Auf Ihrer Homepage erscheint jetzt automatisch ein Werbeblock. Welche Werbung wie oft und in welcher Reihenfolge eingeblendet wird, entscheidet Google AdSense selbst. Es analysiert den Inhalt Ihrer Webseite und blendet nur die Werbung ein, die thematisch zur jeweiligen Seite passt. Bei einer Homepage über die kanadische Wildnis sind das beispielsweise Angebote von Reiseagenturen, Fotoausrüstern oder Outdoorspezialisten.

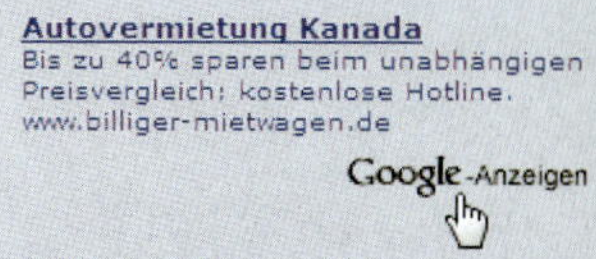

So geht's:

Der Einbau der automatisch generierten Werbeflächen ist in wenigen Minuten erledigt. Gehen Sie dazu wie folgt vor:

1. Für den Einbau von Google-AdSense-Werbung benötigen Sie zunächst ein Benutzerkonto bei Google AdSense. Rufen Sie die Webseite adsense.google.com (ohne „www.") auf, und klicken Sie auf *Jetzt anmelden*.
2. Folgen Sie den Anweisungen des Installationsassistenten, um die Kontoeinrichtung abzuschließen.
3. Melden Sie sich mit Ihren Google-Benutzerdaten bei AdSense an. Klicken Sie auf *AdSense-Setup*, um eine neue Werbefläche anzulegen.
4. Klicken Sie auf *AdSense für Content-Seiten*.
5. Im nächsten Fenster aktivieren Sie die Option *Anzeigenblock* und klicken auf *Weiter*.
6. Wählen Sie im Feld *Format* die gewünschte Größe des Werbeblocks aus. Für den Navigationsbereich empfiehlt sich eine Hochkantwerbung im Format *Vertikal 120 x 600 Skyscraper*. Für Werbung innerhalb der Textbeiträge sollten Sie ein horizontales Format wählen, zum Beispiel *468 x 60 Banner*.
7. Im Feld *Farben* legen Sie die optische Gestaltung des Werbebereichs fest. Hier sollten Sie sich an den Farben Ihrer Webseite orientieren und beispielsweise die gleichen Text- und Hintergrundfarben verwenden wie auf Ihrer Homepage.
8. Klicken Sie auf *Weiter*. Im nächsten Fenster können Sie *Channels* definieren. Anhand der Channelnamen können Sie später genau verfolgen, wie erfolgreich die einzelnen Werbeflächen sind. Kli-

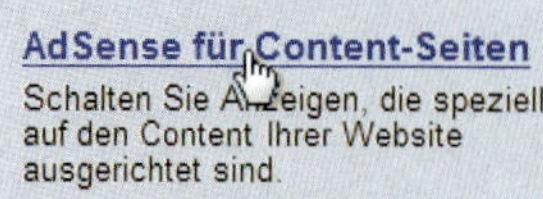

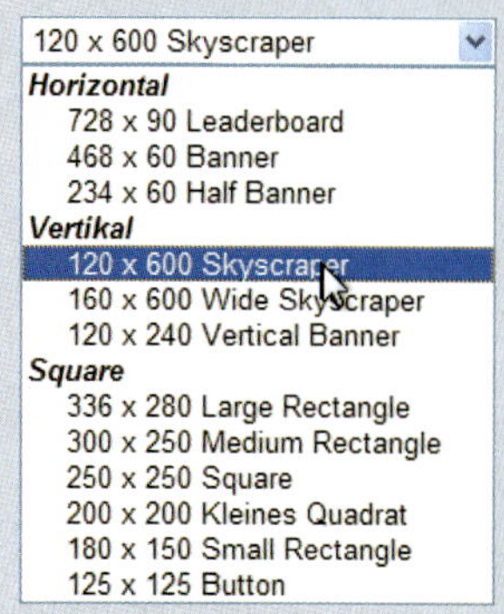

cken Sie auf *Neuen Channel hinzufügen*, und geben Sie als Channelnamen beispielsweise Ihren Blogtitel sowie die Platzierung an, etwa „Kanada-Blog Navigation“. Bestätigen Sie die Eingabe mit *Weiter*.

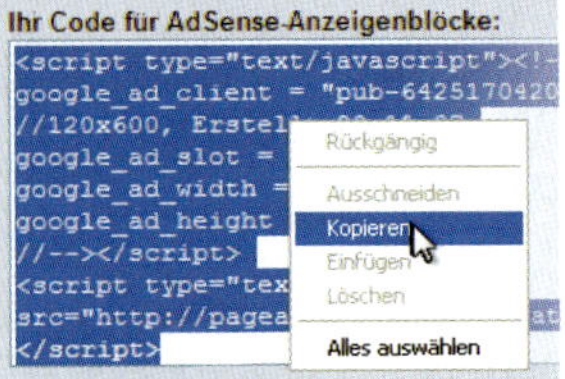

9. Klicken Sie auf *Übermitteln und Code erhalten*. Auf der nächsten Seite finden Sie den HTML-Werbecode, den Sie in Ihr Blog oder Ihre Webseite einbauen müssen. Kopieren Sie den Werbecode, indem Sie einmal auf den Codebereich klicken, um alle Zeilen zu markieren. Jetzt klicken Sie mit der rechten Maustaste auf die Markierung und wählen den Befehl *Kopieren*. Damit kopieren Sie den HTML-Code in die Zwischenablage von Windows.
10. Im nächsten Schritt müssen Sie den kopierten Code in den HTML-Quelltext Ihrer Webseite einfügen. Wie Sie dabei vorgehen, haben wir im Abschnitt *Gimmicks installieren* (→ Seite 135) beschrieben. Fügen Sie den Code überall dort ein, wo später der Werbeblock erscheinen soll, etwa links in die Navigationsspalte.

Achtung

Niemals selbst klicken!

Klicken Sie keinesfalls selbst auf die Werbung der eigenen Homepage. Google AdSense entdeckt diesen Klickbetrug sehr schnell und wird den Werbevertrag mit Ihnen umgehend kündigen und die Auszahlung stoppen.

Bei WordPress-Blogs ergänzen Sie den Code über den Theme-Editor. Wechseln Sie hier über die Konfigurationsoberfläche in den Theme-Editor (*Themes | Theme-Editor*), und öffnen Sie beispielsweise die Datei *Sidebar*, um den Werbeblock in den rechte Navigationsspalte einfügen. Fügen Sie den Code hier unterhalb der Zeile *<div id="sidebar">* ein.

Sobald die Werbeflächen eingebaut sind, müssen nur noch genügend Internetnutzer Ihre Webseite besuchen. Die Praxis zeigt, dass etwa 0,5 bis 2 Prozent der Besucher auf die angebotenen Werbeflächen klicken. Wie viel Umsatz Sie mit Ihrer Webseite in den letzten Tagen generiert haben, erfahren Sie im Mitgliederbereich von Google AdSense unter *Berichte*. Hier ist genau aufgeführt, wie oft Ihre Werbung eingeblendet und angeklickt wurde und wie viel Sie damit bereits verdient haben. Die Auszahlung der Erlöse beginnt, sobald Sie 100 US-Dollar überschritten haben. Bei sehr kleinen und jungen Webseiten kann das einige Monate dauern.

Beachten Sie, dass Sie mit dem Einbau von Werbung automatisch als gewerbliche Webseite eingestuft werden. Um Abmahnungen von Konkurrenten zu vermeiden, sollten Sie daher die Hinweise im Kapitel *Achtung: Juristische Fallstricke* (→ Seite 161) beachten.

Kapitel 6

Podcasts: Eigene Radio- und Fernsehprogramme

Podcasts: Eigene Radio- und Fernsehprogramme

Hört sich verrückt an, ist aber tatsächlich möglich: Im Internet können Sie sogar Ihr eigenes Radioprogramm oder ein regelmäßiges Fernsehformat veröffentlichen. Das geht sogar verhältnismäßig einfach: Am heimischen PC nehmen Sie Ihr „Programm" auf, unterlegen es mit Musik und veröffentlichen es als Podcast. Andere Internetnutzer laden Ihr Radioprogramm herunter und übertragen es zum Beispiel auf einen MP3-Spieler. Dieses Kapitel zeigt, wie Sie eigene Podcasts produzieren und veröffentlichen oder andere Podcasts abonnieren und anhören.

So funktionieren Podcasts

Podcast ist ein Kunstwort, das sich aus den Begriffen iPod – dem Namen des MP3-Players von Apple – und Broadcasting, zu Deutsch: Rundfunk, zusammensetzt. Und damit trifft es den Nagel auf den Kopf. Podcasts sind vorproduzierte Radiosendungen, die sich auf jeden MP3-Player übertragen lassen. Radio zum Mitnehmen sozusagen.

Dabei muss es sich nicht unbedingt um „echte" Radiosendungen von klassischen Radiostationen handeln. Podcasts werden zunehmend auch von privaten Internetnutzern produziert; sie sind praktisch die legalen Piratensender des Internets. Die technische Hürde ist gering. Jeder kann mit wenig technischem Aufwand eigene Radiosendungen aufnehmen und ins Netz stellen.

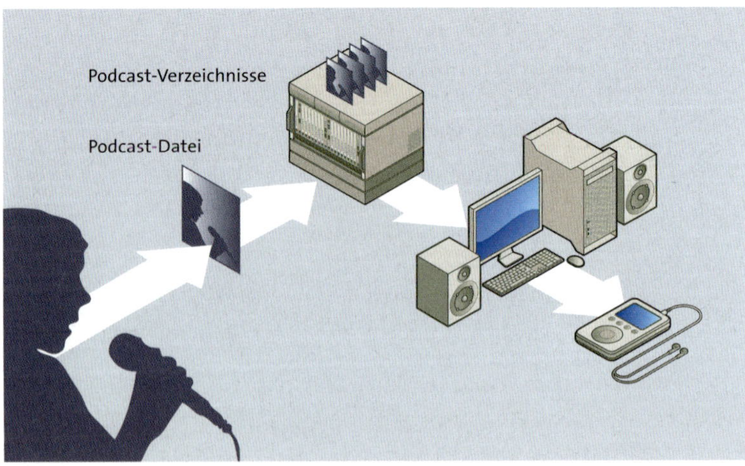

Das Podcastprinzip im Überblick: Podcasts werden am heimischen PC produziert und ins Netz gestellt. Von dort können Internetnutzer die Audioaufnahmen direkt abspielen oder auf den MP3-Player kopieren.

In Deutschland gibt es bereits über 5 000 aktive Podcaster, die regelmäßig neue Aufnahmen veröffentlichen. Die fertigen Sendungen lassen sich per RSS-Feed abonnieren und direkt am PC anhören oder auf den MP3-Player überspielen.

Einfach mal Probe hören: Die besten Podcasts

Eine gut sortierte Übersicht verfügbarer Podcasts finden Sie bei Podster (www.podster.de) und in der Podcastzentrale (www.podcastzentrale.de). Die Audioaufnahmen sind dort übersichtlich in Kategorien sortiert und lassen sich per Mausklick direkt probehören. Die kostenlosen Podcasts der Stiftung Warentest gibt es übrigens bei www.test.de/podcast/.

Besonders interessant sind Sprachkurse per Podcast. Wenn Sie sich auf den nächsten Italienurlaub vorbereiten oder Ihr Businessenglisch auffrischen wollen, lohnt ein Blick in die Kategorie *Bildung*. Sprachkurse von Muttersprachlern können Sie auch direkt bei Anbietern wie www.learnitalianpod.com oder www.businessenglishpod.com herunterladen und anhören.

Webseiten wie Podster (www.podster.de) und Podcastzentrale (www.podcastzentrale.de) sind die ideale Anlaufstelle für neue Podcasts.

Um Podcasts abspielen und auf den MP3-Player übertragen zu können, benötigen Sie einen Podcastplayer. Gut geeignet sind die kostenlosen Programme iTunes (www.itunes.de) von Apple sowie Miro-Player (www.getmiro.com), vormals Democracy Player, für Videopodcasts. Eine Adresse, die Sie für die Suche nach Podcastsoftware anwählen sollten, ist www.podcast.de/software.

So geht's:

Um mit iTunes Podcasts zu abonnieren und auf den MP3-Player zu übertragen, gehen Sie wie folgt vor:

1. Rufen Sie die Webseite www.podster.de auf, und wählen Sie den gewünschten Podcast aus, zum Beispiel aus dem Bereich *Wissenschaft* die Sendung *GEOaudio*.

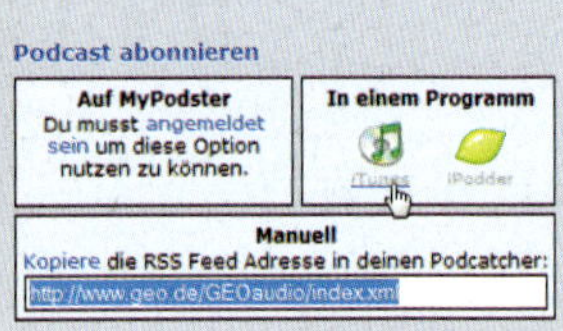

2. Auf der nächsten Seite klicken Sie auf *iTunes*. Sofern iTunes auf Ihrem Rechner installiert ist, startet das Programm automatisch und lädt die Podcastdatei herunter.
   Falls Sie eine andere Podcastsoftware wie Miro (www.getmiro.com) verwenden, kopieren Sie die Adresse aus dem Feld *Manuell* in die Zwischenablage (rechte Maustaste und *Kopieren*) und rufen in Miro den Befehl *Channels* | *Add Channel* auf. Fügen Sie die kopierte Adresse mit Strg+V in das Eingabefenster ein, und bestätigen Sie mit *OK*.
3. Über die Playschaltfläche in iTunes beziehungsweise Miro können Sie den Podcast direkt anhören.
4. Mit iTunes können Sie die Podcastdatei auch auf den MP3-Player übertragen. Schließen Sie den MP3-Player an, und ziehen Sie den Podcast anschließend mit gedrückter Maustaste auf das iPod-Symbol.

Eine besondere Form der Podcasts sind Videopodcasts, auch Videoblogs, oder kurz Vlogs genannt. Vlogs bieten sowohl Hör- als auch Sehgenuss.

Die prominenteste Videobloggerin ist Bundeskanzlerin Angela Merkel, die sich auf www.bundeskanzlerin.de einmal pro Woche per Audio- und Videopodcast zu Wort meldet.

Podcastsoftware wie iTunes und Miro kopiert die Podcastdateien auf die lokale Festplatte des Rechners. Von dort können Sie sie direkt abspielen oder auf den MP3-Player übertragen.

Ebenfalls sehenswert ist das mit zwei Grimme Online Awards ausgezeichnete Videoblog Ehrensenf (www.ehrensenf.de), das im täglichen Rhythmus humorvoll über Neuigkeiten aus dem Internet informiert.

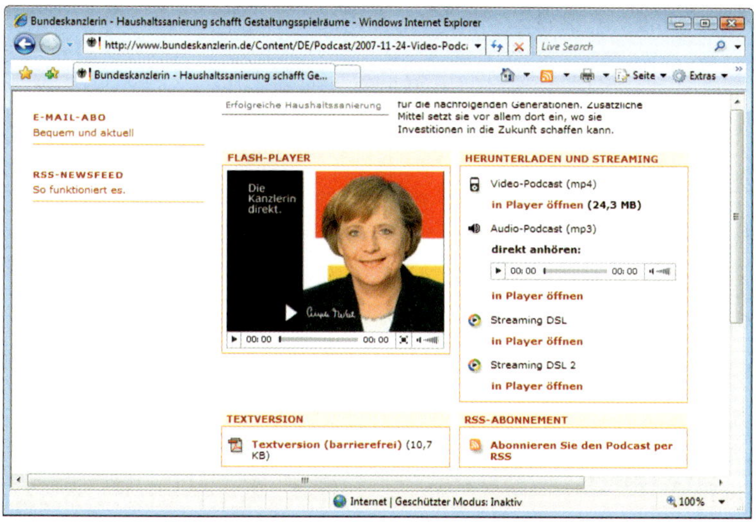

Auch Angela Merkel ist im Web vertreten. Auf www.bundeskanzlerin.de gibt es wöchentlich einen neuen Podcast und Videoblog.

Einen eigenen Podcast produzieren

Einen eigenen Podcast aufzunehmen und ins Internet zu stellen, ist nicht schwierig. Sie brauchen hierzu lediglich folgendes Equipment:

- **Mikrofon**
  Die Aufnahme des Podcasts erfolgt über ein an die Soundkarte oder per USB angeschlossenes Mikrofon. Zum Ausprobieren und für einfache Podcasts reicht ein einfaches Mikrofon oder ein Headset aus. Eine bessere Klangqualität wird mit Kondensatormikrofonen inklusive Windschutz erzielt.

- **Für Videopodcasts: Camcorder**
  Wenn Sie einen Videopodcast produzieren möchten, brauchen Sie zudem einen digitalen Videorekorder (Camcorder). Die Videokamera sollte über einen USB-Anschluss verfügen, über den Sie den Camcorder direkt mit dem PC verbinden und die Aufnahme auf den Rechner überspielen. Einige Camcorder sind mit einer Firewire-Schnittstelle (IEEE 1394) ausgestattet. Für solche Kameras brauchen Sie dann auch einen Firewire-Anschluss an Ihrem Computer.

- **Aufnahmesoftware**
  Für die Aufnahme benötigen Sie eine passende Audiosoftware, für Videopodcasts zudem eine Videosoftware.
  Für die Produktion von Videopodcasts sind professionelle Videoprogramme wie Pinnacle Studio (www.pinnacle.de, circa 50 Euro) ideal geeignet. Als Gratislösungen bieten sich VirtualDub (www.virtualdub.org) oder das im Betriebssystem Windows enthaltene Programm Windows Movie Maker an. Mac-Nutzer können Videos mit dem bei Mac OS X mitgelieferten Videoprogramm iMovie erstellen.
  Wenn Sie lediglich Audiopodcasts veröffentlichen, ist das kostenlose Programm Audacity ideal geeignet. Sie finden das Gratistool für Windows und Mac auf der Webseite www.audacity.de.
  Wichtig dabei: Um die analogen Aufnahmen im universellen MP3-Format speichern zu können, müssen Sie die Audacity-Software erweitern.
  Bevor Sie mit der Aufnahme beginnen, sollten Sie den kostenlosen MP3-Encoder (Umwandler) Lame installieren. Das dauert nur wenige Augenblicke.

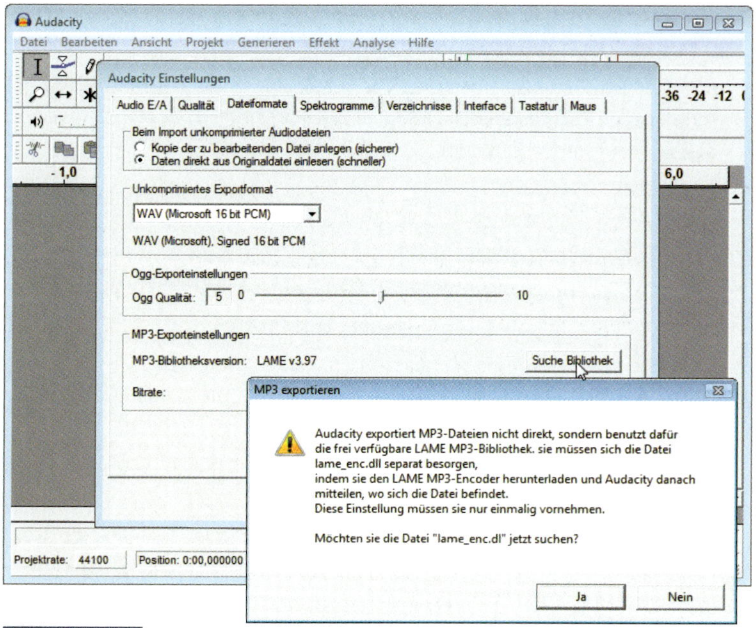

Damit Sie mit Audacity im universellen MP3-Format speichern können, müssen Sie den MP3-Encoder namens Lame einbinden. Das dauert nur wenige Minuten.

So geht's:

Um den MP3-Encoder Lame zu installieren, gehen Sie wie folgt vor:

1. Laden Sie zunächst von der Webseite www.audacity.de das kostenlose Audioprogramm Audacity herunter und installieren Sie es auf Ihrem Rechner.
2. Rufen Sie im Browser die Webseite www.spaghetticode.org/lame auf.
3. Klicken Sie auf den Downloadlink für Windows oder Mac.
4. Entpacken Sie die Zip-Datei in den Programmordner von Audacity, zum Beispiel nach *C:\Programme\Audacity*. Wichtig ist, dass die Datei *lame_enc.dll* im Programmverzeichnis von Audacity liegt.
5. Starten Sie Audacity, und rufen Sie den Befehl *Bearbeiten | Einstellungen* auf.
6. Wechseln Sie in die Kategorie *Dateiformate*, und klicken Sie auf *Suche Bibliothek*.

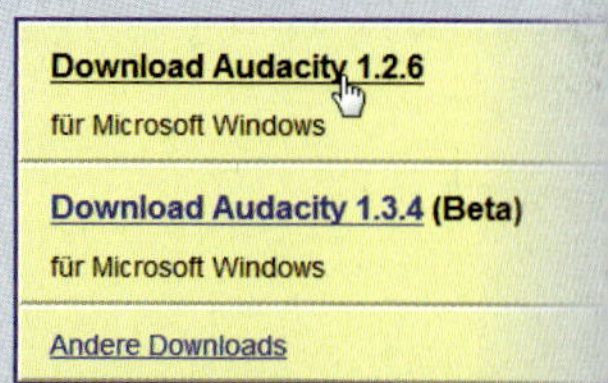

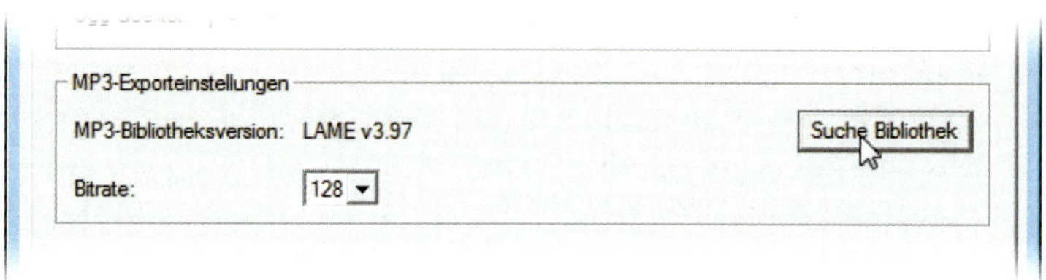

7. Bestätigen Sie die folgende Abfrage mit *Ja*. Wechseln Sie anschließend in den Audacity-Programmordner – zum Beispiel *C:\Programme\Audacity* –, in dem Sie die Datei *lame_enc.dll* abgelegt haben. Markieren Sie die Datei, und klicken Sie auf *Öffnen*.
8. Schließen Sie die Dialogfenster mit *OK*. Audacity ist jetzt auf das Speichern im MP3-Format vorbereitet.

Sobald das Mikrofon an den Rechner angeschlossen und die Aufnahmesoftware Audacity inklusive MP3-Encoder installiert sind, kann die Aufnahme des eigenen Audiopodcasts beginnen.

So geht's:

Gehen Sie folgendermaßen vor, um einen eigenen Audiopodcast zu produzieren:

1. Schließen Sie das Mikrofon an den PC an; je nach Modell über den Mikrofoneingang der Soundkarte oder per USB.
2. Starten Sie die Audiosoftware Audacity.
3. Rufen Sie den Befehl *Bearbeiten | Einstellungen* auf, und wechseln Sie in die Kategorie *Audio E/A*. Wählen Sie im Feld *Aufnahme | Gerät* den Eingang *Mikrofon* Ihres Computers. Bestätigen Sie die Änderungen mit *OK*.

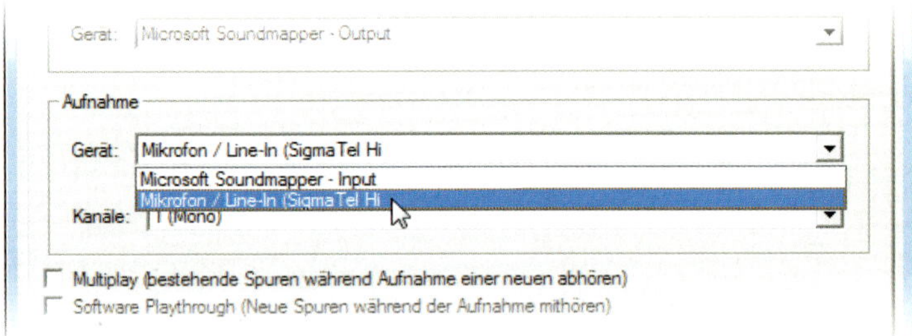

4. Sind Sie bereit für die Aufnahme? Dann klicken Sie jetzt auf die rote Aufnahmeschaltfläche. Die Aufnahme Ihres Podcasts beginnt. An der Aussteuerungsanzeige oben rechts erkennen Sie, ob das gesprochene Wort korrekt im Rechner ankommt.
   Achten Sie darauf, dass die Lautstärke nicht zu hoch eingestellt ist, sonst kommt es zu Verzerrungen. Ideal ist es, wenn sich der Pegel stets im rechten Drittel und nicht dauerhaft „am Anschlag" bewegt.

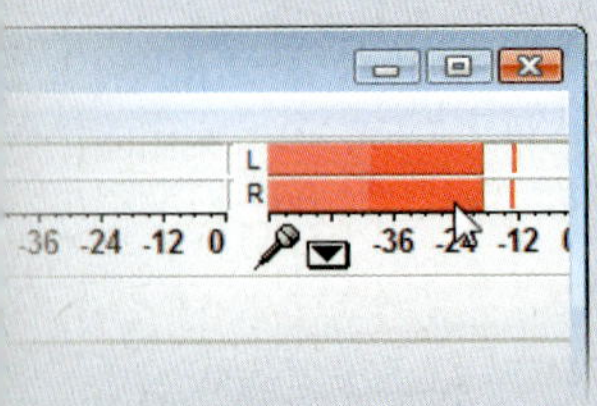

5. Um die Aufnahme zu beenden, klicken Sie auf die Stoppschaltfläche oder drücken die Taste [S].

6. Im nächsten Schritt sollten Sie die Rohaufnahme speichern. Rufen Sie hierzu den Befehl *Datei | Projekt speichern* auf, und geben Sie Speicherort und Dateiname an. Audacity legt die Aufnahme als AUP-Datei ab. Dieses Format können Sie ausschließlich mit Audacity und keinem anderen Audioprogramm öffnen.

Achtung

Vorsicht beim Einbinden von Musik!

Um Ihren Podcast attraktiver zu machen, können Sie den Beitrag mit Musik untermalen. Doch aufgepasst: Im eigenen Podcast dürfen Sie nur Musik verwenden, für die ein Nutzungsrecht vorliegt oder für die Sie Gema-Gebühren abführen. Besser ist die Verwendung Gema-freier Musik, die beliebig in Podcasts verwendet werden darf. Eine Auswahl Podcast-sicherer Musik finden Sie bei Podsafe Music Network (music.podshow.com, ohne „www."), Indiepodcasting (www.indiepodcasting.com), Podsafe Audio (www.podsafeaudio.com) und Garageband (www.garageband.com).

7. Jetzt können Sie die Aufnahme mit Audacity weiter bearbeiten und beispielsweise um Effekte ergänzen. Markieren Sie in der Tonspur den Bereich, den Sie mit einem Effekt versehen möchten, und wählen Sie aus dem Menü *Effekte* den gewünschten Klangeffekt aus. Blenden Sie Ihren Beitrag beispielsweise professionell ein und aus, oder erzeugen Sie ein künstliches Echo.
8. Sobald der Podcast fertig ist, müssen Sie ihn nur noch als MP3-Datei speichern. Rufen Sie hierzu den Menübefehl *Datei | Exportieren aus MP3* auf. Im nächsten Schritt veröffentlichen Sie Ihren Podcast auf der eigenen Webseite oder im eigenen Blog.

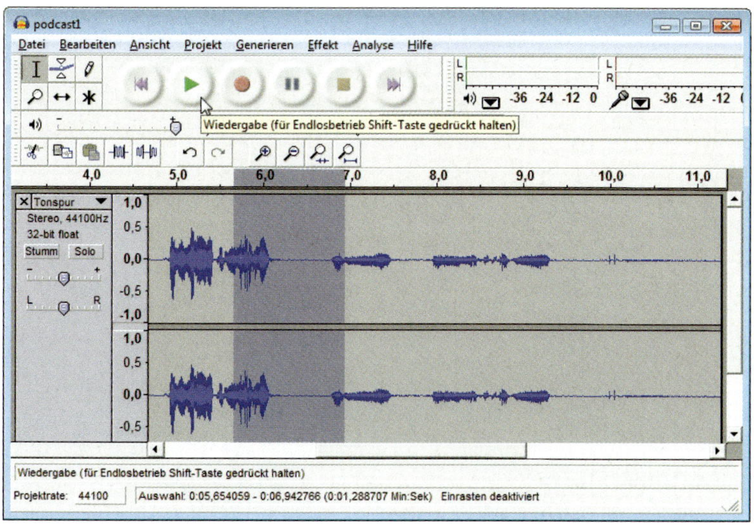

Mit dem kostenlosen Audiotool Audacity geht das Aufnehmen eigener Podcasts besonders leicht von der Hand.

Videopodcasts produzieren Sie mit Videosoftware wie Pinnacle Studio, Windows Movie Maker oder iMovie für Mac.

So geht's:

Um mit dem Windows Movie Maker einen Videopodcast zu erstellen, gehen Sie folgendermaßen vor:

1. Zeichnen Sie zunächst mit der Videokamera Ihren Videopodcast auf. Dabei spielt es keine Rolle, wenn dabei etwas schiefgeht. Mit der Videosoftware können Sie den Film später bearbeiten und misslungene Szenen ausschneiden.
2. Starten Sie den Windows Movie Maker über den Befehl *Start | Alle Programme | Zubehör | Unterhaltungsprogramme | Windows Movie Maker*. Bei Windows Vista finden Sie das Programm im Bereich *Alle Programme*.
3. Jetzt müssen Sie den Film von der Videokamera auf den PC übertragen. Schließen Sie die Kamera mit dem USB- oder Firewire-Kabel an den Rechner an, und klicken Sie auf *Video von Gerät aufnehmen*. Folgen Sie den Anweisungen des Assistenten, um die Aufnahmen auf den PC zu kopieren. Im Programmfenster erscheinen jetzt die einzelnen Videoclips.

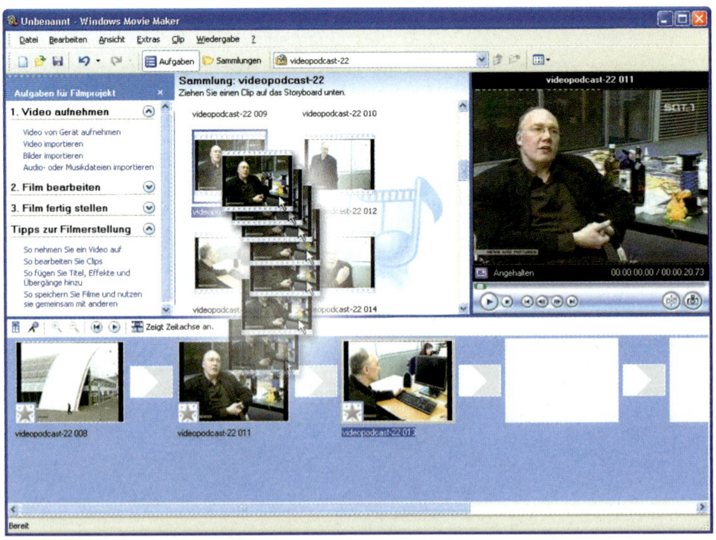

Um daraus einen neuen Film zu machen, ziehen Sie die gewünschten Clips mit gedrückter Maustaste auf das Storyboard im unteren Bereich des Programmfensters. Auf diese Weise entsteht Stück für Stück das Grundgerüst Ihres Videopodcasts. Möchten Sie den Videopodcast mit Musik untermalen, können Sie über die Schaltfläche *Audio- oder Musikdateien importieren* MP3- oder WMV-Dateien hinzufügen. Einzelne Fotos fügen Sie mit *Bilder importieren* hinzu. Auch für Musik und Fotos gilt: Ziehen Sie die gewünschten Dateien mit gedrückter Maustaste in das Storyboard, um sie an der jeweiligen Stelle einzufügen.

4. Im nächsten Schritt können Sie den Film weiter bearbeiten. Öffnen Sie hierzu die Liste *Film bearbeiten*. Hier können Sie Videoeffekte oder Übergänge ergänzen. Ziehen Sie den entsprechenden Effekt beziehungsweise Übergang mit gedrückter Maustaste auf die Videosequenz beziehungsweise das Übergangsicon zwischen zwei Clips. Mit dem Befehl *Titel oder Nachspann erstellen* ergänzen Sie Ihren Podcast um professionelle Intros und Abspänne.

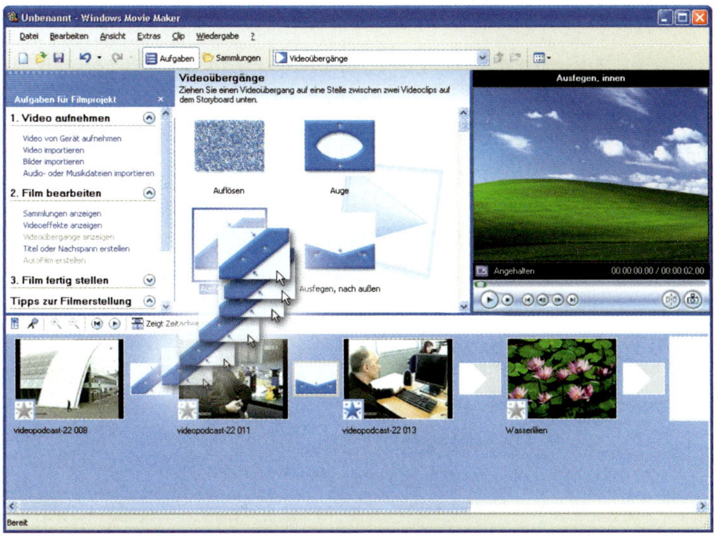

5. Möchten Sie den Film nachvertonen, klicken Sie im Storyboard auf das kleine Mikrofonsymbol. Platzieren Sie die Markierung innerhalb der Zeitachse an die gewünschte Position, und starten Sie die Nachvertonung per Mausklick auf *Audiokommentar starten*.

6. Sobald das eigene Video fertig ist, müssen Sie es nur noch im richtigen Format speichern. Hierzu klicken Sie auf *Film fertig stellen* sowie *Auf Computer speichern*. Um die Dateigröße möglichst klein zu halten, klicken Sie im Assistenten auf *Weitere Optionen anzeigen* und wählen die Option *Weitere Einstellungen | Video für Breitbandverbindung (150 kbit/s)*. Die fertige Videodatei können Sie jetzt als Videopodcast im Internet veröffentlichen.

Eigene Podcasts veröffentlichen

Ist die Podcastaufnahme abgeschlossen, haben Sie zwei Möglichkeiten, den Audio- beziehungsweise Videobeitrag im Internet zu veröffentlichen. Wenn Sie über ein eigenes Blog verfügen, können Sie den Podcast in Ihr Blog einbinden. Es geht aber auch ohne Blog. Bei Podcasthostern können Sie Ihren Podcast direkt hochladen. Beide Varianten werden auf den folgenden Seiten ausführlich erläutert.

Den Podcast im eigenen Blog veröffentlichen

Blogbesitzer können den Podcast direkt im eigenen Blog zum Download anbieten. Hierzu müssen Sie lediglich eine neue Kategorie einfügen und über den Podcastdienstleister FeedBurner einen Podcastfeed erzeugen. Der Podcastfeed ist wichtig, damit Podcastsoftware wie iTunes oder Miro die Audioaufnahme abspielen kann.

So geht's:

Gehen Sie folgendermaßen vor, um die Podcastaufnahme in Ihrem WordPress-Blog zu veröffentlichen:

1. Richten Sie in Ihrem WordPress-Blog zunächst eine neue Kategorie *Podcast* ein. Hierzu klicken Sie in der Konfigurationsoberfläche des Blogs auf *Verwalten | Kategorien* und ergänzen die Kategorie im Feld *Kategorie hinzufügen*.

2. Fügen Sie jetzt einen neuen Blogbeitrag in der neuen Kategorie *Podcast* ein. Es genügt, wenn der Blogbeitrag einzig und allein aus der Podcast-MP3- beziehungsweise Videodatei besteht. Fügen Sie die Datei über das Formular *Upload* ein.

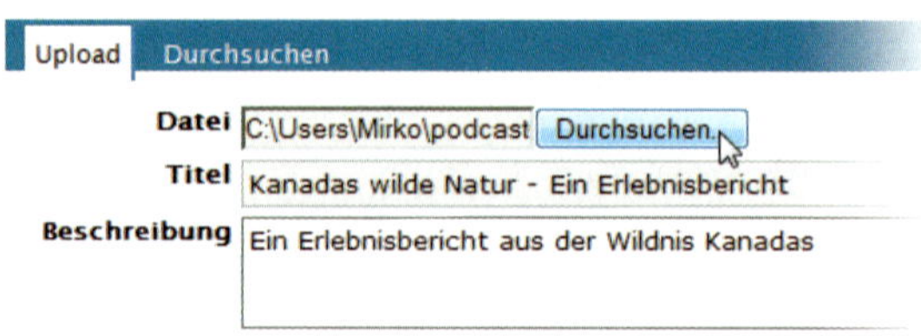

Als Videoformat sind Filme im MPG- oder WMV-Format am besten geeignet.

Sobald die MP3- beziehungsweise Videodatei hochgeladen wurde, wählen Sie im Feld *Upload* die Einstellungen *Titel* sowie *Datei*, und klicken auf *Zum Editor senden*. Vergessen Sie nicht, im Bereich *Kategorien* den Eintrag *Podcast* zu wählen, und klicken Sie auf *Veröffentlichen*. Ihre Podcastdatei ist jetzt in Form eines neuen Eintrags in Ihrem Blog verfügbar.

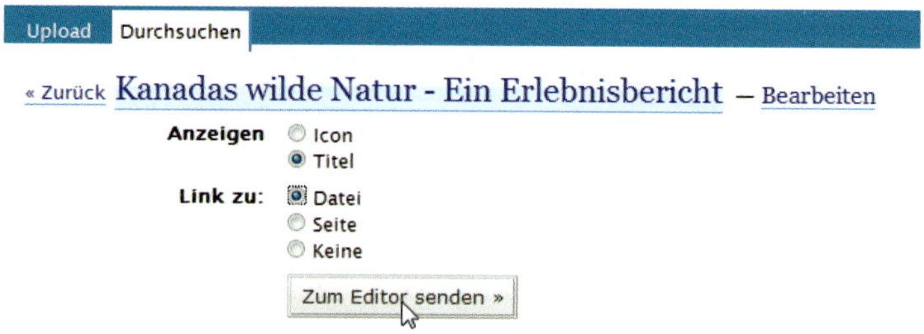

3. Jetzt müssen Sie noch die RSS-Adresse der Podcastkategorie Ihres Blogs in Erfahrung bringen. Rufen Sie hierzu Ihre Blogseite auf, und klicken Sie auf die Kategorie *Podcast*. In der Adresszeile des Browsers steht hinter *cat=* die Kategoriennummer, zum Beispiel *15*. Merken Sie sich diese Nummer gut.
4. Im nächsten Schritt müssen Sie aus der Podcastkategorie Ihres Blogs einen „echten“ Podcastfeed machen. Das geht am einfachsten über den Gratisdienst FeedBurner. Rufen Sie die Webseite www.feedburner.com auf, und wählen Sie oben rechts zunächst die *Sprache Deutsch*. Klicken Sie auf *Registrieren*, um ein neues FeedBurner-Benutzerkonto anzulegen.
5. Melden Sie sich anschließend mit Ihren Benutzerdaten bei Ihrem FeedBurner-Benutzerkonto an. Geben Sie jetzt in das Eingabefeld die Feedadresse Ihrer Podcastkategorie ein. Diese setzt sich zusammen aus der Blogadresse plus dem Zusatz */?feed=rss2&cat=xy*, wobei *xy* die in Schritt 3 gemerkte Kategoriennummer ist. Ein Beispiel: Ist Ihr Blog unter der Adresse www.mirko.de/kanada-tipps/ erreichbar, geben Sie Folgendes ein:

   www.mirko.de/kanada-tipps/?feed=rss2&cat=15

   Kreuzen Sie das Feld *Ich bin Podcaster an*, klicken Sie auf *Weiter*.

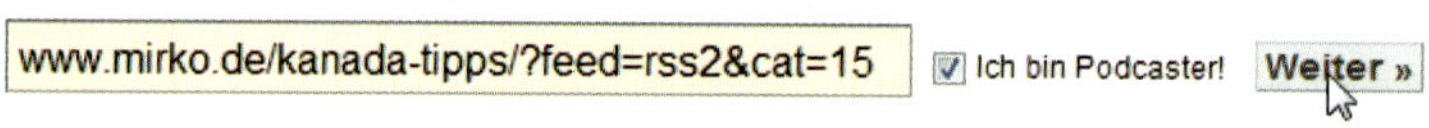

6. Im nächsten Schritt analysiert FeedBurner Ihre Blogseite. Sofern alles korrekt eingetragen wurde, wird die Podcastdatei automa-

tisch erkannt. Im nächsten Fenster geben Sie anschließend einen Titel für Ihren Podcastfeed ein und wählen die Feedadresse, über die Ihre Podcasts später für die Hörer erreichbar sein sollen.

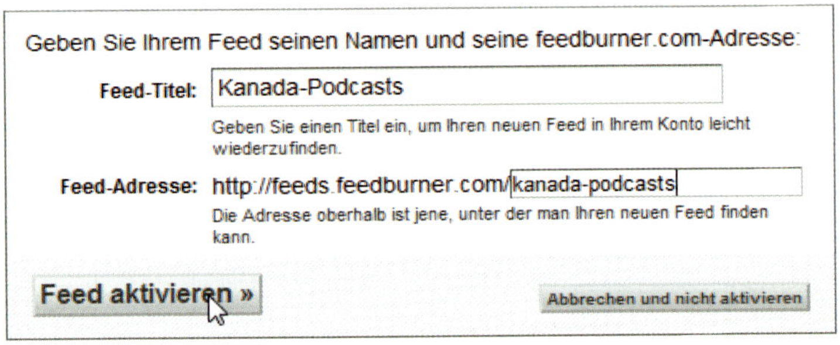

7. Klicken Sie auf *Feed aktivieren*. Anschließend können Sie Ihren Feed noch für die Auflistung bei iTunes optimieren, Sie können diese Schritte aber auch mit *Weiter* überspringen.

Die Einrichtung Ihres eigenen Podcastfeeds ist damit abgeschlossen. Merken Sie sich die eingeblendete Adresse; sie beginnt immer mit „http://feeds.feedburner.com/“, gefolgt vom gewählten Feednamen, etwa „http://feeds.feedburner.com/kanada-podcasts“. Der Podcastfeed gilt auch für alle zukünftig in Ihrem Blog veröffentlichten Podcasts. Sobald Sie – wie zuvor beschrieben – einen neuen Podcast im Blog speichern, ist er automatisch über den Podcastfeed erreichbar.

Als Nächstes sollten Sie die Feedadresse bei Podcastverzeichnissen bekannt machen, damit andere Hörer Ihren Podcast leichter finden. Weitere Informationen hierzu finden Sie im Abschnitt *Den Podcast in Podcastverzeichnissen anmelden* (→ Seite 160).

Der FeedBurner (www.feedburner.com) macht aus der Podcastkategorie Ihres Blogs einen echten Podcastfeed.

Den Podcast bei einem Podcastinghoster veröffentlichen

Wer noch nicht über ein eigenes Blog verfügt, kann seine Podcastdateien auch bei einem Podcasthoster anbieten. Hier übertragen Sie Ihre MP3-Aufnahme direkt an den Podcastanbieter, der für Sie den abonnierbaren Podcastfeed erzeugt. Besonders einfach ist das Hochladen bei www.podhost.de. Hier erhalten Sie kostenlos 30 MB Speicherplatz für Ihre Podcastdateien. Wer mehr braucht, kann für eine monatliche Gebühr zwischen 1,50 Euro und 15 Euro weiteren Speicherplatz mieten.

So geht's:

Um Ihre Aufnahme bei Podhost hochzuladen, gehen Sie wie folgt vor:

1. Rufen Sie die Webseite www.podhost.de auf. Klicken Sie auf *Melden Sie sich jetzt gratis an*, um ein neues Benutzerkonto anzulegen. Wählen Sie das Paket *Starter*; hier erhalten Sie 30 MB Speicherplatz gratis.
2. Loggen Sie sich mit Ihren neuen Benutzernamen und -kennwort in Ihr Podhost-Benutzerkonto ein.
3. Klicken Sie auf *Dateien verwalten* sowie auf die Schaltfläche *Durchsuchen*. Wählen Sie die MP3 beziehungsweise Videodatei Ihres Podcasts aus, bestätigen Sie mit *Öffnen*, und starten Sie den Ladevorgang mit einem Klick auf *Gewählte Datei hochladen*.

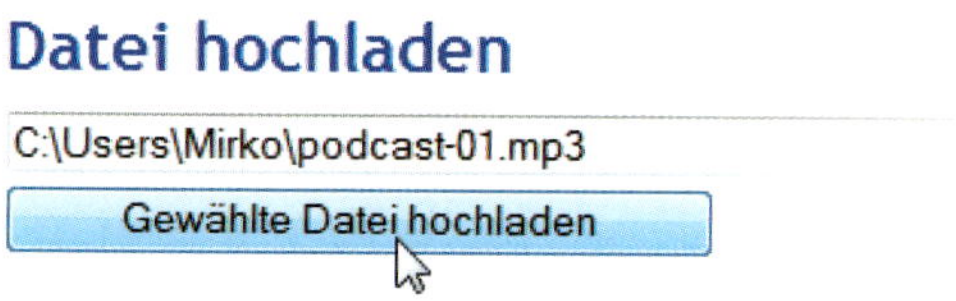

4. Die hochgeladene Datei erscheint daraufhin in der Liste *Verfügbare Dateien*. Klicken Sie hier in der Spalte *Beitrag* auf *Jetzt veröffentlichen*.
5. Achten Sie darauf, dass das Kontrollkästchen *Verschiedene Portale über den Beitrag informieren* aktiviert ist, und klicken Sie auf *Beitrag jetzt veröffentlichen*. Ihr Podcast ist ab sofort weltweit über Ihre Podcastfeedadresse erreichbar.
6. Klicken Sie in der linken Navigationsspalte auf *RSS Feed*. Im Abschnitt *Der Standard-Feed* steht die Feedadresse, über die Ihre veröffentlichten Podcasts nun sichtbar sind.

Leistung	Starter
Monatlicher Speicher (*)	30 MB
Unlimiterter Traffic	✓
Zugriffsstatistiken	✓
Eigenes Weblog	✓
Werbefrei	✓ (zur Zeit)
Zahlungsweise	-
Kündigungsfrist	-
Einrichtungsgebühr	-
Kosten	**kostenlos!**

Anmelden, Gratis!

Den Podcast in Podcastverzeichnissen anmelden

Egal, ob Sie Ihren Podcast im eigenen Blog oder bei einem Podcasthoster wie Podhost gespeichert haben: Damit die Internetnutzer Ihren Podcast finden, sollten sie ihn bei einem Podcastverzeichnis und den Suchmaschinen eintragen. Die Podcastverzeichnisse wie www.podster.de und www.podcastzentrale.de sind die Gelben Seiten für Podcasts. Eingetragen wird dabei sowohl die direkte Downloadadresse Ihres Podcasts – etwa der Blogeintrag mit Ihrem Podcast – als auch die Feedadresse, die Sie von FeedBurner oder Podcasthostern wie Podhost erhalten haben.

So geht's:

Um Ihren Podcast in die Podcastzentrale einzutragen, sind nur wenige Schritte notwendig. Gehen Sie wie folgt vor:

1. Rufen Sie die Webseite www.podcastzentrale.de auf.
2. Klicken Sie auf *Podcast eintragen.*
3. Füllen Sie das Anmeldeformular aus. Geben Sie in die Zeile *URL Podcast* zum Beispiel die Adresse Ihres Blogeintrags ein, über die Ihr Podcast erreichbar ist. In das Feld *URL RSS-Feed* kommt die Feedadresse des Podcasts, die Sie beispielsweise bei FeedBurner erhalten haben.
4. Nachdem Sie alle Felder ausgefüllt haben, klicken Sie auf *Podcast anmelden.*

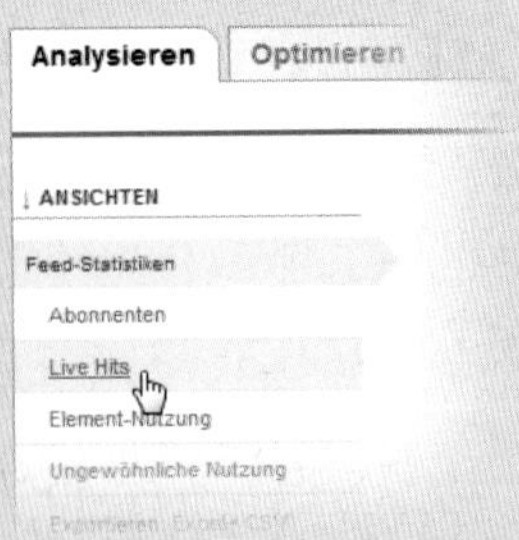

Ihr Podcast erscheint nicht sofort im Podcastverzeichnis. Ihr Eintrag wird zunächst redaktionell geprüft und erst dann freigeschaltet. Das dauert aber in der Regel nur wenige Stunden.

Übrigens: Wenn Sie die Podcastfeedadresse mit FeedBurner erzeugt haben, können Sie in Ihrem FeedBurner-Konto erkennen, wie viele Internetnutzer Ihren Podcast abonniert haben und wie oft er bereits gehört wurde. Klicken Sie hierzu im Mitgliederbereich auf *Meine Feeds* und anschließend auf den Namen des eigenen Podcastfeeds.

Kapitel 7

Achtung: Juristische Fallstricke

Achtung: Juristische Fallstricke

Wer im Internet präsent ist – egal, ob mit einer eigenen Homepage, einem Blog oder einem Wiki –, der muss aufpassen. Denn auch im Web ist nicht alles erlaubt, was möglich ist. Es gibt klar definierte Grenzen. So dürfen zum Beispiel Fotos nicht ohne Weiteres veröffentlicht werden. Auch bei eigenen Texten und Links gibt es gesetzliche Beschränkungen. Um Ärger zu vermeiden, sollten Sie die rechtlichen Rahmenbedingungen für Veröffentlichungen im Web genau kennen. Dieses Kapitel zeigt, worauf Sie achten müssen, welche juristischen Fallstricke auf Sie warten und wie Sie Pannen vermeiden.

Gefahr Abmahnungen

Homepages, Blogs und Wikis sind beliebt, um dort ungeniert über alles und jeden zu berichten. Die neuen Medien sind jedoch kein Freibrief. Wer Texte und Fotos auf der eigenen Webseite veröffentlicht, muss sich an die Spielregeln, sprich die Gesetze halten – sonst drohen kostspielige Abmahnungen und Schadenersatzklagen. Wer beispielsweise fremde Texte einbindet, urheberrechtlich geschütztes Bildmaterial auf die eigene Homepage setzt oder die Webseite ohne Impressum veröffentlicht, kann von Mitbewerbern oder Urheberrechtsinhabern abgemahnt werden. Und das wird teuer.

Abmahnungen sind meist von Anwälten geschriebene, kostenpflichtige Aufforderungen, eine Rechtsverletzung zu unterlassen. Mit der Abmahnung verbunden ist in der Regel, eine Unterlassungserklärung zu unterschreiben, mit der Sie sich verpflichten, die abgemahnte Handlung in Zukunft zu unterlassen. Die Höhe der Kosten richtet sich nach dem Streitwert, der selbst bei privaten Homepages von den Absendern der Schreiben oft mit 25 000 Euro und mehr angesetzt wird. Zu den Abmahngebühren – bei einem Streitwert von 25 000 Euro knapp 700 Euro – kommen Anwaltskosten hinzu, sodass eine Abmahnung meist mindestens 1 000 Euro Kosten verursacht.

Was tun, wenn eine Abmahnung kommt?

Um im Falle einer Abmahnung den Schaden und die Kosten so gering wie möglich zu halten, sollten Sie gezielt und schnell handeln. Die abmahnenden Rechtsanwälte setzen meist nur kurze Fristen von wenigen Tagen. Wer die Fristen versäumt oder gar nicht reagiert, riskiert eine einstweilige Verfügung, die noch mehr Kosten verursacht.

So geht's:

Gehen Sie folgendermaßen vor, falls Sie wegen einer Rechtsverletzung auf Ihrem Blog, Wiki oder Ihrer Homepage abgemahnt werden:

1. Die beste und sicherste Lösung: Wenden Sie sich an einen Rechtsanwalt, der auf Urheberrecht oder Internetrecht spezialisiert ist. Der kann prüfen, ob die Abmahnung gerechtfertigt ist, und Ihnen genau sagen, wie Sie richtig darauf reagieren. Der Anwalt prüft unter anderem, ob der Verfasser der Abmahnung dazu überhaupt berechtigt ist. Denn abmahnen darf grundsätzlich nur, wer in seinen eigenen Rechten verletzt ist. Das können zum Beispiel Künstler, Autoren oder Fotografen (beziehungsweise deren Rechtsanwälte) sein, deren Werke Sie widerrechtlich auf der eigenen Homepage eingebaut haben.
   Bei wettbewerbsrechtlichen Verstößen, wenn Sie zum Beispiel einen Internetshop betreiben, muss der Abmahnende Mitbewerber sein. Unter bestimmten Voraussetzungen können auch rechtsfähige Verbände wie die Verbraucherzentralen wettbewerbsrechtliche Abmahnungen aussprechen.
   Zu prüfen ist zudem, ob überhaupt ein rechtswidriges Verhalten vorliegt, ob Sie dafür verantwortlich sind und ob die Abmahnung eine rechtliche Begründung bezüglich des Verstoßes enthält. Kommt Ihr Anwalt zu dem Schluss, dass die Abmahnung berechtigt ist, müssen Sie in der Regel eine Unterlassungserklärung unterzeichnen und sich verpflichten, das abgemahnte Verhalten auch in Zukunft zu unterlassen. Meist handelt der Anwalt dann noch einen geringeren Streitwert mit der Gegenseite aus – das verringert die Abmahnkosten.
2. Während die Abmahnung von Ihrem Rechtsanwalt bearbeitet wird, sollten Sie den „Stein des Anstoßes" unverzüglich von Ihrer Webseite entfernen. Haben Sie beispielsweise unberechtigterweise das Logo der Olympischen Spiele auf Ihrer Webseite platziert, sollten Sie es unbedingt löschen. Entfernen Sie per FTP-Programm auch die zugehörige Datei von Ihrem Webspeicherplatz, damit Suchmaschinen das Logo nicht mehr finden können.

Abmahnungen lassen sich vermeiden. Damit es gar nicht erst so weit kommt, sollten Sie genau darauf achten, was Sie in welcher Form auf Ihrer Homepage veröffentlichen.

Tipp

Beispiele gefällig?

Eine gute Übersicht über die häufigsten Abmahnungen im Internet finden Sie auf den Webseiten www.abmahnung-internet.de/abmahnung.htm und www.rettet-das-internet.de/abmahnung.htm.

Impressum und Co.: Das muss mindestens auf die Homepage

Neue Blogs, Wikis und Homepages sind schnell ins Leben gerufen. Nach der Einrichtung eines neuen Blogger- oder WordPress-Blogs können Sie sofort loslegen und die ersten Beiträge schreiben. Doch aufgepasst: So, wie die Homepage von den Blog- oder Homepageprovidern angeboten werden, sind Sie höchst abmahngefährdet. Denn bei den fertigen Homepage-Angeboten „von der Stange" fehlt das wichtige Impressum.

Impressum und Anbieterkennzeichnung

Jede Webseite muss ein Impressum enthalten. Das gilt auch für private Homepages. Das Impressum – auch Anbieterkennzeichnung genannt – muss leicht erkennbar, unmittelbar erreichbar und ständig verfügbar sein. Am besten richten Sie auf Ihrer Homepage auf jeder Seite einen Link zur Impressumseite ein, sodass sie von überall aus erreichbar ist. Auf der Impressumseite müssen folgende Informationen enthalten sein:

- Vor- und Nachname sowie die vollständige postalische Anschrift
- Telefonnummer und (falls vorhanden) Faxnummer
- E-Mail-Adresse

Bei gewerblichen Webseiten sind zudem weitere Angaben erforderlich:

- Registernummer des Handelsregisters, Vereinsregisters, Partnerschaftsregisters oder Genossenschaftsregisters, in das Sie eingetragen sind
- bei Tätigkeiten, die der behördlichen Zulassung bedürfen (zum Beispiel Arzt), Angaben über die zuständige Aufsichtsbehörde
- Umsatzsteueridentifikationsnummer, sofern vorhanden

Rechtsanwälte, Wirtschaftsprüfer und Steuerberater müssen im Impressum zudem folgende Informationen ergänzen:

- Kammer, der sie angehören
- gesetzliche Berufsbezeichnung und Staat, in dem die Berufsbezeichnung verliehen wurde
- Bezeichnung der berufsrechtlichen Regelungen sowie Angaben, wie diese zugänglich sind

Ohne geht es nicht: Jede Webseite muss über ein Impressum verfügen. Dort steht, wer für die Seite verantwortlich ist.

Um die rechtlichen Risiken zu minimieren, können Sie zusätzlich Haftungsausschlussklauseln – auch Disclaimer genannt – mit ins Impressum aufnehmen. Unter Juristen sind solche Haftungsausschlüsse aber umstritten. Auf der Seite www.e-recht24.de/muster-disclaimer.htm finden Sie fertige Vorlagen für Disclaimer. Weitere Informationen zur Anbieterkennung gibt es auf der Webseite www.anbieterkennung.de.

Zusätzlich bei Shops

Die eigene Homepage oder das Blog lässt sich leicht um ein Shopsystem erweitern. Eine Übersicht kostenlos erhältlicher Shops finden Sie zum Beispiel auf der Webseite www.kostenlos.de/internet-homepage-tools-shopsysteme. Doch aufgepasst: Wer einen Shop betreibt, muss weitere wichtige Regeln einhalten. Das Wichtigste im Überblick:

- **Allgemeine Geschäftsbedingungen (AGB)**
  Von der Startseite aus und während des Bestellvorgangs müssen jederzeit die Vertragsbedingungen beziehungsweise Allgemeinen Geschäftsbedingungen (AGB) erreichbar sein. Die AGB-Seiten müssen sich zudem speichern und ausdrucken lassen. Vor Abschluss der Bestellung muss der Kunde zusichern, die Allgemeinen Geschäftsbedingungen zur Kenntnis genommen zu haben.

Meist muss er dazu ein Kontrollkästchen aktivieren und damit die Kenntnisnahme bestätigen.

- **Eindeutige Preisauszeichnung inklusive Versandkosten**
  Ein häufiger Grund für Abmahnungen sind falsche Preisauszeichnungen. Laut Preisangabenverordnung müssen die angegebenen Preise Endpreise sein, also einschließlich der Umsatzsteuer und sonstiger Preisbestandteile. Fallen weitere Kosten wie Liefer- und Versandkosten an, muss deren Höhe ebenfalls angegeben beziehungsweise ein direkter Link zur Versandkostenübersicht angezeigt werden.

- **Rückgabe- und Widerrufsrecht**
  Bei Onlineshops gilt das Fernabsatzgesetz. Sie müssen Ihren Kunden ein Rückgabe- und Widerrufsrecht einräumen. Endverbraucher haben das Recht, die gekaufte Ware innerhalb von zwei Wochen ohne Angabe von Gründen zurückzugeben. Die Belehrung über das Rückgabe- und Widerrufsrecht sollte während des Bestellvorgangs erfolgen und die Kenntnisnahme vom Kunden bestätigt werden.

Eine gute Übersicht über die Tücken bei Onlineshops und aktuelle Rechtsfälle aus dem Shopalltag finden Sie auf der Webseite www.shopbetreiber-blog.de.

Das Shopbetreiber-Blog informiert über Abmahnungen, Widerrufsrecht und andere Stolperfallen rund ums Onlineshopping.

Was erlaubt ist und was nicht

Die eigene Homepage verleitet dazu, munter drauf los zu tippen und möglichst schnell die ersten neuen Seiten ins Netz zu stellen. Dabei sollten Sie aber einige wichtige Spielregeln beachten. Generell gilt: Verwenden Sie auf Ihrer Webseite keine fremden Inhalte. Das gilt sowohl für Texte als auch für Bilder. Bei fremden Inhalten wie Fotos, Grafiken, Animationen oder auch Ausschnitten von Stadtplänen müssen Sie zuvor die Zustimmung des Urhebers einholen – idealerweise schriftlich. Im Zweifelsfall verzichten Sie lieber auf fremdes Material.

Eigene und fremde Texte

Laut Urheberrecht sind „Werke der Literatur" geschützt und dürfen nicht ohne Genehmigung der Rechteinhaber verwendet werden. Der Begriff Literatur ist dabei weit gefasst. Dazu gehören nicht nur Romane und Gedichte, sondern auch Sachbücher, wissenschaftliche Aufsätze und journalistische Artikel. Selbst Preislisten, Telefonbücher, Kataloge und Rezeptsammlungen sind urheberrechtlich geschützt. Erlaubt sind lediglich Zitate, sofern diese als solche gekennzeichnet sind, am besten inklusive Quellenangabe.

Daher unser Rat: Verwenden Sie auf Ihrer Homepage keinesfalls Texte aus anderen Quellen wie Bücher, Zeitschriften oder andere Webseiten. Veröffentlichen Sie nur Texte, die Sie selbst verfasst haben. Aber auch bei eigenen Texten müssen Sie aufpassen. Verboten sind zum Beispiel rassistische, Gewaltverherrlichende und persönlich verunglimpfende Texte.

Kritisch ist zudem die Verwendung geschützter Markennamen, insbesondere wenn Sie mit Ihrem Blog oder Ihrer Homepage Geld verdienen möchten und die Webseite kommerziell betreiben. Spätestens dann dürfen Sie geschützte Markennamen nicht zur Werbung für andere Produkte verwenden, etwa in der Form „Tolle Uhr im Cartier-Look". Im Zweifelsfall lohnt eine Recherche beim Deutschen Patent- und Markenamt auf der Webseite https://dpinfo.dpma.de (ohne „www.", aber inklusive „https://").

Fotos, Bilder, Landkarten

Das Urheberrecht gilt auch für Fotos, Produktabbildungen, Grafiken und Illustrationen. Firmenlogos, Piktogramme und Grafiken wie die olympischen Ringe sind urheberrechtlich geschützt und dürfen nur mit Genehmigung der Rechteinhaber auf der eigenen Homepage veröffentlicht werden. Kritisch kann es sogar bei selbst aufgenommenen Fotos werden. Wer Abbildungen von Personen auf seiner Webseite veröffentlichen möchte, muss das Kunsturhebergesetz (KUG), § 22 „Recht am eigenen Bilde“ beachten. Es legt fest, dass „Bildnisse nur mit Einwilligung des Abgebildeten verbreitet oder öffentlich zur Schau gestellt werden“ dürfen. Lediglich Fotos von Personen der Zeitgeschichte dürfen ohne deren Zustimmung verbreitet werden. Allerdings wird der Begriff „Personen der Zeitgeschichte“ von den Gerichten unterschiedlich ausgelegt. Im Zweifelsfall sollten Sie daher von abgelichteten Personen ein Einverständnis einholen, bevor Sie das Bild auf Ihrer Homepage veröffentlichen.

Eine Ausnahme bilden Fotos, auf denen Personen als Beiwerk neben einer Landschaft oder sonstigen Örtlichkeiten erscheinen, sowie Bilder von Versammlungen, Aufzügen und ähnlichen Veranstaltungen, an denen die dargestellten Personen teilgenommen haben. Das gilt beispielsweise für Fotos von Karnevalsumzügen oder Touristenfotos am Brandenburger Tor. Wichtig dabei: Der Schwerpunkt des Bildes muss auf der Touristenattraktion oder dem Geschehen liegen und nicht auf einzelnen teilnehmenden Personen.

Achtung

Aufgepasst bei Stadtplänen!

Auch Stadtpläne unterliegen dem Urheberrecht. Falls Sie in Ihre Webseite einen Anfahrtsplan integrieren möchten, verwenden Sie keinesfalls eine Kopie oder einen Ausschnitt eines Stadtplans. Eine gute Alternative ist das Einbinden einer Google Map in die Webseite.

Wie das geht, erfahren Sie auf der Webseite www.google.de/apis/maps, zurzeit leider nur in englischer Sprache.

Auch bei Fotos von Gebäuden gibt es Grenzen. Nach der sogenannten Panoramafreiheit ist es nur gestattet, Fotos von urheberrechtlich geschützten Gegenständen wie Kunstobjekte oder Gebäude zu veröffentlichen, wenn diese von öffentlichen Verkehrswegen aufgenommen wurden.

Der Aufnahmestandpunkt muss allgemein ohne Hilfsmittel zugänglich sein. Fotos aus dem Hubschrauber, von einer Leiter oder einem gegenüberliegenden Gebäude aus gehören nicht dazu.

Info

Panoramafreiheit im Detail

Ausführliche Informationen zur Panoramafreiheit und zu kniffeligen Einzelfällen wie Bildtafeln oder militärischen Anlagen finden Sie in einem Wikipedia-Artikel auf der Seite de.wikipedia.org/wiki/Panoramafreiheit (ohne „www.“).

Bei Innenaufnahmen oder Fotos, die von einem Privatgrundstück aus gemacht wurden, können Sie sich nicht auf die Panoramafreiheit berufen. Diese Fotos dürfen nur mit Zustimmung des Urhebers oder des Rechteinhabers veröffentlicht werden.

Falls Sie Ihre Homepage mit Bildern aufwerten möchten, aber gerade keine eigenen Fotos parat haben, können Sie auf Bildersammlungen mit kostenlos erhältlichen und frei verfügbaren Fotos zurückgreifen. Sofern Ihre Homepage keine kommerziellen Zwecke verfolgt, können Sie die Fotos der folgenden Anbieter frei verwenden:

- Pixelio (www.pixelio.de)
- FreeDigitalPhotos.net (www.freedigitalphotos.net)
- MorgueFile (www.morguefile.com)
- Image After (www.imageafter.com)
- Bigfoto (www.bigfoto.com)
- Wikimedia Commons (commons.wikimedia.org, ohne „www.“)
- Suchmaschine für freie Bilder: www.yotophoto.com

Info

Und was ist mit Videos?

Wie Fotos können auch Videos dem Urheberrecht unterliegen. Geschützte Inhalte sind beispielsweise Filme, TV-Shows, Musikvideos, Mitschnitte von Konzerten, Filmtrailer und Werbung.

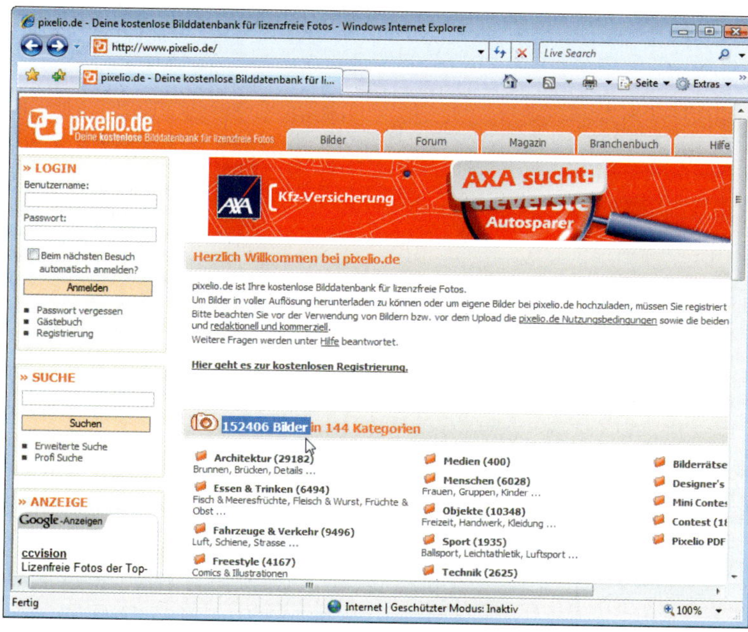

Bei der Bilddatenbank Pixelio (www.pixelio.de) gibt es Tausende Fotos, die Sie frei auf Ihrer privaten Homepage verwenden dürfen.

Musik und andere Klänge

Webseiten und Podcasts werden gerne mit Musik untermalt oder mit Klangeffekten aufgewertet. Wer Musik – etwa einen Titel der Beatles – in seinen Podcast einbinden möchte, muss hierzu die Genehmigung der Urheber beziehungsweise des Rechteinhabers einholen. Lizenzen zum Veröffentlichen geschützter Werke erhalten Sie bei der Gema (www.gema.de). Im Gema-Lizenzshop gibt es auch ein spezielles Lizenzmodell für Podcasts.

Es geht aber auch kostenlos: Viele Musiker veröffentlichen ihre Songs unter der Creative-Commons-Lizenz. Damit können Künstler ihre Stücke zur freien Verwendung zur Verfügung stellen. Eine Übersicht frei erhältlicher Musik und Klangeffekte finden Sie auf folgenden Webseiten:

- Jamendo (www.jamendo.com/de)
- Podsafe Music Network (music.podshow.com, ohne „www.“)
- Indiepodcasting (www.indiepodcasting.com)
- Podsafe Audio (www.podsafeaudio.com)
- Garageband (www.garageband.com)

Wer Musik in seinen Podcast oder sein Blog einbinden möchte, sollte einen Blick auf Musiksammlungen wie Jamendo werfen.

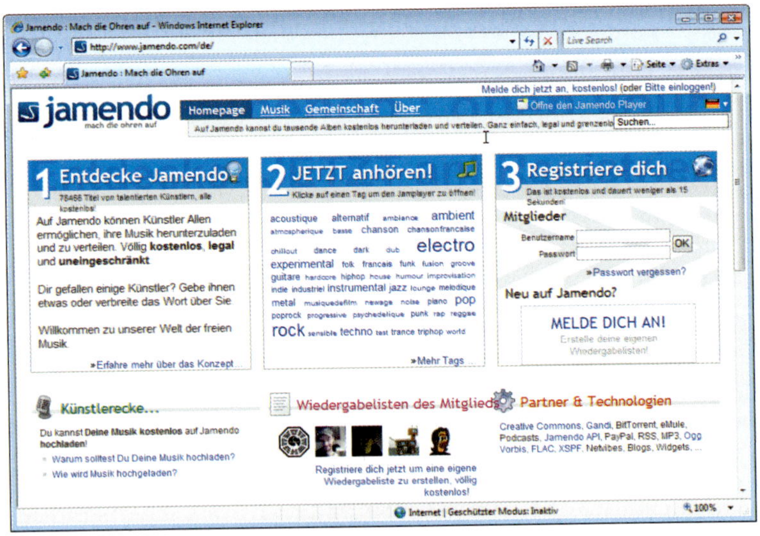

Links zu anderen Webseiten

Im Internet sind Links zu anderen Webseiten gang und gäbe. Doch auch hier ist Fingerspitzengefühl angesagt. Denn mit einem Link zu einer anderen Seite übernehmen Sie in gewisser Weise auch die Haftung für die verlinkten Inhalte. Verboten sind Links zu Webseiten mit eindeutig gesetzwidrigem Inhalt, etwa illegalen MP3-Dateien. Die genaue Abgrenzung ist schwierig. Laut Teledienstgesetz sind Links gesetzwidrig, wenn man „von den rechtswidrigen bzw. strafbaren Inhalten positive Kenntnis hat und es technisch möglich und zumutbar ist, die Nutzung zu verhindern". Das heißt in der Praxis: Falls Sie sich nicht hundertprozentig sicher sind, lassen Sie den bedenklichen Link am besten weg.

Fehlendes Impressum, kopierte Texte, geschützte Bilder, illegale Musik: Es gibt eine Menge Stolperfallen, auf die Homepagebesitzer achten müssen. Generell helfen bei der Entscheidung der gesunde Menschenverstand und etwas Respekt gegenüber den Gefühlen der Mitmenschen. Wenn Sie sich nicht sicher sind, ob Sie die Rechte anderer verletzen, verzichten Sie lieber auf das eine oder andere Foto. Weniger ist in diesem Fall mehr.

Index

Impressum

Herausgeber und Verlag
Stiftung Warentest
Lützowplatz 11–13
10785 Berlin

Tel. (030) 26 31-0
Fax (030) 26 31-25 25
www.test.de

Vorstand
Dr. jur. Werner Brinkmann

Weitere Mitglieder der Geschäftsleitung
Hubertus Primus
(Publikationen)
Dr.-Ing. Peter Sieber
(Untersuchungen)

Autoren
Jörg Schieb
Mirko Müller

Lektorat
Dr. med. vet. Ines George
(Leitung)
Uwe Meilahn
Horst-Dieter Radke
(Smart Books)

Korrektorat
Stefanie Barthold

Layout/Titel
Harald Müller, Würzburg

Umschlagfoto
© Rubberball

Bildnachweis
Mirko Müller (Screenshots)
Harald Müller (Illustrationen)

Produktion
Harald Müller, Würzburg

Verlagsherstellung
Rita Brosius
Kerstin Uhlig

Druck
Stürtz GmbH, Würzburg

Einzelbestellung in Deutschland
Stiftung Warentest
Vertrieb
Postfach 81 06 60
70523 Stuttgart

Tel. (0 18 05) 00 24 67
(14 Cent pro Minute aus dem Festnetz)
Fax (0 18 05) 00 24 68
(14 Cent pro Minute aus dem Festnetz)
www.test.de

Redaktionsschluss
Januar 2008